Georg Geil

**Über die Abhängigkeit Lockes von Descartes**

Georg Geil

**Über die Abhängigkeit Lockes von Descartes**

ISBN/EAN: 9783743430051

Hergestellt in Europa, USA, Kanada, Australien, Japan

Cover: Foto ©ninafisch / pixelio.de

Manufactured and distributed by brebook publishing software (www.brebook.com)

Georg Geil

**Über die Abhängigkeit Lockes von Descartes**

# Ueber die Abhängigkeit

# Locke's von Descartes.

Eine philosophiegeschichtliche Studie

von

Dr. GEORG GEIL.

STRASSBURG
J. H. Ed. Heitz (Heitz u. Mündel Nachfolger).
Schlauchgasse, 5.
1887.

Seinem hochverehrten Lehrer

Herrn Prof. Dr. WINDELBAND

widmet in Dankbarkeit diese Arbeit

**Der Verfasser.**

Schon im Jahre 1884 habe ich die Anregung zu vorliegender Arbeit von meinem hochverehrten Lehrer, Herrn Prof. Dr. Windelband empfangen. Der Umstand, dass ich dienstlich seit jener Zeit als Lehrer thätig war, hat das Zustandekommen der Arbeit verzögert.

Ich genüge nur einer angenehmen Pflicht, wenn ich Herrn Prof. Windelband für seine mit Rath und That stets bereite Hilfe, mit der er mich beim Ausarbeiten dieser Abhandlung unterstützte, meinen tiefgefühlten Dank ausspreche.

# Capitel I. — EINLEITUNG.

## Empirismus und Rationalismus.

Es ist eine landläufige und mehr didaktisch erlaubte, ja in dieser Rücksicht in gewissen Grenzen zu empfehlende, als in den wesentlichen Gegensätzen der philosophischen Systeme begründete Eintheilung der modernen Philosophie in die beiden «von einander schroff getrennten Richtungen» des Empirismus und Rationalismus, oder Sensualismus und Idealismus, oder welche Namen auch immer den beiden «parallel nebeneinander» herlaufenden Philosophenschulen gegeben wurden. Gewisse äusserliche Beziehungen lassen vielleicht eine solche Eintheilung als möglich erscheinen, aber es ist eine durchaus einseitige Trennung, die um so weniger berechtigt ist, je mehr sie als eine unüberbrückbare Kluft dargestellt wird. Es gewinnt in den historischen Werken den Anschein, als ob die Vertreter der entgegengesetzten Richtungen unbekümmert um einander sich nur in ihrem Geleise gehalten hätten und von einander nicht abhingen. Diese Erscheinung in der Geschichte der Philosophie ist wohl psychologisch erklärbar. Die Philosophen selbst stellen sich ja gelegentlich in ihren Systemen einander gegenüber und wollen bei ihrer Polemik in ihren Systemen nichts mit einander gemein haben, gehen dann in ihrem polemischen Eifer so weit, dass sie, ohne es zu wissen oder zuzugeben, einen Philosophen oder ein System als gegnerisch bekämpfen, mit dem sie in sehr wichtigen, ja vielleicht den grundlegenden Punkten, übereinstimmen. Oft ist es nur ein unglücklich gewählter Ausdruck über irgend einen Lehrartikel, der sie scheinbar trennt. Von den Autoren selbst überträgt sich dies Nichtsgemeinhabenwollen auf die Darsteller der Philosophie, und so begegnen wir der Erscheinung, dass selbst sehr gründliche und umfassende Geschichtschreiber der Philosophie aus den Werken der Philosophen jene von den Philosophen in ihren Werken behauptete, in Wahrheit in vielen und vielleicht den wichtigsten Punkten nicht vorhandene Kluft in ihre Darstellung mit hineinnehmen. Es wäre ja auch eigentümlich, wenn diese tiefe Kluft wirklich vorhanden wäre. Mögen die Vertreter der einzelnen Philosophien einen noch so verschiedenen Bildungs- und Lebensgang durchgemacht haben, mag ihre Eigenart und ihr Vorgehen in der philosophischen Erkenntniss noch so verschieden sein, sonderbar müsste es erscheinen, wenn sie über das Selbstbewusstsein und die Processe des Denkens, Fühlens und Wollens, über das Ich und seine empirischen Beschaffenheiten und Funktionen zu ganz entgegengesetzten, unvereinbaren Resultaten kämen. Man darf wohl behaupten, dass es keine in ihren Wurzeln kontradiktorischen Systeme gibt, wenn dieser Ausdruck gestattet ist. Mag man auch einzelne Stellen dafür beibringen, es werden aus dem Geiste der Systeme heraus sich Beweise für das Gegenteil erbringen lassen. Vorausgesetzt — und ohne diese Voraussetzung ist überhaupt keine Wissenschaft möglich — dass das allgemeine Ich d. i. das Ich mit seinen Denkformen und Funktionen bei allen Bewusstseinsindividuen dasselbe ist, so ist es unmöglich, dass es einander kontradiktorisch widersprechende Systeme gibt, die auf wissenschaftliche Begründung Anspruch erheben und als solche bewiesen werden können. Wenn a priori dieser Schluss seine logische Berechtigung haben muss, so bestätigt ihn auch die Erfahrung. Einer der grössten Philosophen aus der so genannten Schule der Rationalisten ist Spinoza. Es würde ein dankbares Thema sein, Spinoza als Empiristen zu behandeln. Wie oft wird Locke nicht Sensualist κατ' ἐξοχήν genannt, und doch ist er selbst den idealistischsten Definitionen der Idealisten nach Idealist. — Mögen einzelne Schattierungen in den Systemen herauskommen, wenn der menschliche Geist sich selbst zum Objekt seiner Forschung macht, — Verschiedenheiten sind in den letzten Principien und können nicht vorhanden sein. Dies geht hervor aus der Homogenie des menschlichen Geistes.

Wenn wir uns fragen, wo wir denn die Wurzeln zu jener von mancher Seite so energisch hervorgehobenen Zerlegung der neueren Philosophie in die beiden Richtungen zu suchen haben, so lautet die Antwort: bei Kant. In dem «Kommentar zu Kant's Kritik der reinen Vernunft» von H. Vaihinger ist die Kant'sche Ansicht über diese Frage mit einer Ausführlichkeit behandelt, die nichts zu wünschen übrig lässt; es sind auch die Stellen aus Kant hier angezogen, so dass wir auf diesen Ausführungen vollständig basieren können. Auf pag. 26 dieses Werkes heisst es: «Kant theilt die philosophischen Systeme vor ihm in die beiden Hauptklassen des Dogmatismus und Empirismus oder Skepticismus. Sein eigenes System ist Kriticismus. Jene strenge Scheidung ist, wie Paulsen, Entw. 98 ff., vgl. Göring, Viert. f. wissensch. Philos. I, 404 ausführt, ein bedeutsames Verdienst Kant's. [Das Bedeutsame dieses Verdienstes möchten wir wesentlich in didaktischer Rücksicht gelten lassen.] «Die klassifikatorischen Gegensätze für die Philosophie wurden vor Kant ausschliesslich der Metaphysik entnommen. Darnach theilte man, sofern eine solche Eintheilung überhaupt versucht wurde, etwa in Materialismus und Spiritualismus ein, indessen kam selbst letzterer Ausdruck erst in später Zeit auf. Bei den älteren Historikern, wie z. B. Brucker, ist keine systematische Eintheilung durchgeführt. Dagegen schliessen sich die auf Kant folgenden Historiker (wie: Buhle, Tennemann u. A, neuerdings Fischer und Ueberweg u. A) an Kant's Eintheilung an. Diese ist im Wesentlichen der Erkenntnisstheorie entnommen, entsprechend der ganzen Wendung des Kant'schen Denkens von den Objekten weg zu dem erkennenden oder erkennenwollenden Subjekt. Und hierin entdeckt Kant jenen fundamentalen Gegensatz, den er an die allerdings überlieferten Namen des Dogmatismus und Empirismus (Skepticismus) knüpft. Neu aufgestellt ist die Kategorie des Kriticismus.» Es handelt sich hier für uns um Kant's Eintheilung in Dogmatismus und Empirismus oder die Richtung, zu welcher, nach Kant, jeder Empirismus führen muss, nämlich Skepticismus. Ueber Kant's Ansichten betreffs dieser beiden Richtungen setzt sich Vaihinger a. a. O. p. 28 ff. auseinander. Bevor ich darauf ausführlicher eingehe, möchte ich einen dabei in Frage kommenden Punkt in kurzem behandeln, nämlich das methodologische Problem. Ausführlich äussert sich darüber H. Vaihinger a. a. O. p. 27 und Paul Kannengiesser: «Dogmatismus und Skepticismus», wobei vielleicht eine Beeinflussung des Ersteren von Seiten des Letzteren vorliegen dürfte. Das methodologische Motiv bei dieser Unterscheidung Kant's wird von beiden fast zu dem ausschliesslichen gemacht; ebenso wird dann bei dem Kriticismus, der den Kampf zwischen beiden Richtungen endgiltig zum Austrag bringen will, das methodologische Interesse Kant's gegenüber dem inhaltlichen sehr stark urgiert. Vaihinger a. a. O. p. 27. «Das methodologische Problem ward für Kant immer mehr in den Vordergrund gerückt, und sobald es ihm einmal voll zum Bewusstsein gekommen war, stellten alle seine Schriften dieses Problem an den Anfang Kant's Kritik ist ein «Traktat von der Methode». Kr. d. r. V. B. XXII. Die drei Hauptrichtungen (also auch den Kriticismus) kann man Kant's Aussagen zufolge bestimmen nach zwei Gesichtspunkten.

I. Nach der Form oder Methode.

II. Nach Inhalt oder Objekt.

«Bei dem ersten Gesichtspunkt handelt es sich um die Frage: Durch welche Methode kommen wir zu wahrer gültiger Erkentniss, durch apriorische, deduktive, syllogistische, oder durch empirische, induktive, analytische? Jene setzt einen angeborenen Inhalt reiner Vernunftelemente voraus, diese bedarf nur der Erfahrung. Hier handelt es sich um die Methode im engeren Sinne. Die zweite Frage, welche sich auf den durch die Eine jener Methoden zu erkennenden Inhalt bezieht, ist aber auch methodologischer Natur, indem hier Methode im weiteren Sinn verstanden wird. Denn zur Methode in diesem Sinn gehört auch die Bestimmung der Ausdehnung des Verfahrens. Kann sich das philosophische Denken auf übersinnliche Gegenstände erstrecken, oder muss es sich auf die Erfahrungssphäre beschränken?»

Kannengiesser stimmt damit im Wesentlichen überein, a. a. O. p. 4. «Dieser Streit aber dreht sich nicht um die Behauptung dieser oder jener Weltanschauung, sondern er ist rein propädeutischer Natur, indem er sich lediglich auf die Frage bezieht, welche Methode die Philosophie als Wissenschaft anzuwenden habe» — wobei, bei welchem zu behandelnden Inhalt anzuwenden? möchte ich einwerfen — «die der aprioristischen Vernunftdeduktion oder die empirische Methode der Beobachtung und Induktion. Die Differenz zwischen beiden Standpunkten ist also durchaus methodologischer Art; ganz denselben Charakter aber trägt ursprünglich der auf einen endgültigen Austrag zwischen beiden gerichtete Kriticismus Kant's; das Problem, das ihm zu Grunde liegt, ist methodologisch.»

Es dürfte wohl von beiden citierten Autoren das methodologische Interesse Kant's etwas zu sehr betont sein Wenn Vaihinger (a. a. O. p. 27) zwischen einer Methode im engeren und weiteren Sinn unterscheidet, und zur Methode im weiteren Sinn auch die Ausdehnung des Verfahrens rechnet, so fragt man sich doch: Ausdehnung des Verfahrens auf welchen Inhalt? So kommen wir doch zu dem Inhaltlichen, dem Objekt. Von der Methode im engeren Sinn sagt Vaihinger, dass die aprioristische etc. voraussetze einen angeborenen Inhalt, die empiristische etc. dagegen nur der Erfahrung bedürfe. Sind damit die Richtungen nicht auch inhaltlich, in Rücksicht auf das Objekt scharf getrennt? — Indessen behandelt Vaihinger dann die beiden Richtungen in Bezug auf Methode und Inhalt mit gleicher Ausführlichkeit, so dass das scharfe Betonen des Methodologischen nicht recht einleuchtet. Vielleicht hat daran Kant Schuld mit gelegentlichen Ausdrücken wie z. B. B. XXII, Kr. d. r. V.: «seine Kritik sei ein Traktat der Methode». Kant fügt jedoch sich restringierend an dieser Stelle hinzu: «aber sie verzeichnet gleichwohl den ganzen Umfang, sowohl in Ansehung ihrer Grenzen, als auch den ganzen inneren Gliederbau derselben».

Vaihinger behandelt a. a. O. p. 28 Kant's Unterscheidung der Philosophie vor ihm in die beiden erwähnten Richtungen.

A. «Der Methode oder Form nach ist der Dogmatismus speziell als Rationalismus zu bezeichnen. D. h. die Erkenntniss soll gewonnen werden durch reine Vernunft, welche eine eigene Quelle der Erkenntniss ist und Erkenntnissmaterial aus sich selbst erzeugt. Aus in der Vernunft selbst liegenden, angeborenen Begriffen und Grundsätzen (ideae innatae, ἀρχαὶ ἐναπόδεικτοι) soll nach dem Vorbild der reinen Mathematik more geometrico deduktiv durch Analyse der Begriffe, durch syllogistische Ableitung aus den Grundsätzen die Wirklichkeit erkannt werden. Sowohl Begriffsinhalt als Begriffsverknüpfung sollen a priori sein. Dieser Rationalismus oder Apriorismus ist jedoch ein unkritischer.

weil die Besinnung über die Möglichkeit, Gültigkeit und Tragweite einer solchen Erkenntnissart, einer solchen «reinen Vernunftwissenschaft» fehlt.»

B. «Der Methode oder Form nach ist der empiristische Skepticismus speziell als Sensualismus zu bezeichnen, d. h. die Erkenntniss soll gewonnen werden durch die Empfindung. Wie alle Begriffe, so entstehen auch alle allgemeinen Sätze durch Vergleichung der erfahrungsmässig gegebenen Thatsachen, aus denen nach dem Vorbild der empirischen Naturwissenschaft induktiv zum höheren anzuschreiten und so die Philosophie als Erfahrungswissenschaft zu begründen ist. Die Seele hat keinen angeborenen Inhalt, sondern ist eine «tabula rasa», Erkenntniss von Thatsachen ist nur durch Erfahrung möglich.»

Ueber die Kant'sche Bestimmung der beiden Richtungen nach Inhalt, sagt Vaihinger ib.:

N. «Dem Objekt oder dem Inhalt nach ist der Dogmatismus als transcendent zu charakterisieren. Nicht etwa bloss die Erfahrungswirklichkeit, sondern und gerade vorzugsweise das jenseits der Erfahrung Liegende (das «Metempirische») ist Gegenstand der Forschung; also über Weltanfang, Weltende, Weltprincip, Ursprung und Zukunft der Seele u. s. w. soll jene Erkenntnissmethode Aufschluss geben und zwar absolut sicheren und zuverlässigen. Der Dogmat.smus will somit ohne Erfahrung über die Erfahrung hinaus.»

⊃. «Dem Objekt oder dem Inhalt nach ist der empiristische Skepticismus als immanent zu bezeichnen. Alle Erkenntniss ist auf Erfahrungsinhalt eingeschränkt, soll also, wie sie nicht ohne Erfahrung entsteht, so auch nicht über die Erfahrung hinaus. Die fortgeschrittene Richtung leugnet direkt alles Uebersinnliche, alles Transcendente.»

Für die Belege betreffs dieser Darlegung der Kant'schen Unterscheidung aus Kant sei es mir gestattet auf Vaihinger a. a. O. p. 28 ff. zu verweisen. Uns genügt es in Kant die Quelle gefunden zu haben für die Trennung der modernen Philosophie in Empirismus und Dogmatismus. Das didaktische Motiv, was hierbei vielleicht unbewusst gewirkt hat, tritt deutlich z. B. bei dem Kantianer Neeb hervor, der die drei von Kant getrennten Richtungen mit Wahlsprüchen versieht:

Dogmatismus: Nil admirari.

Skepticismus: Bene desperare.

Kriticismus: Sapere aude.

Tennemann bezeichnet in der Vorrede seines 1812 erschienenen Grundrisses der Geschichte der Philosophie für den akademischen Unterricht als seine Absicht: «Die Hauptdata dieser Geschichte und die vorzüglichsten Richtungen des philosophierenden Geistes mit Treue, Deutlichkeit und zweckmässiger Kürze darzustellen und dem Lehrer und Lernenden einen Leitfaden zu gewähren für die fruchtbare Betrachtung der stufenweisen Entwicklung der Vernunft in ihrem Streben nach Wissenschaft.»

Ueber diese beiden Richtungen setzt sich Tennemann auseinander:

§ 56. «Das unkritische Philosophiren sucht entweder aus blindem Vertrauen zur Vernunft gewisse Lehrmeinungen, Dogmen — thetisch oder antithetisch — aufzustellen und zu erhärten, oder aus blindem Misstrauen gegen die Vernunft die von andern vertheidigten dogmatischen Behauptungen zu vernichten, und, ohne etwas Besseres an die Stelle zu setzen, Ungewissheit und Zweifel als das Vernünftigste darzustellen. Jenes ist der positive Dogmatismus, dieses der Skepticismus oder negative Dogmatismus.

Anm.: Der Dogmatiker geht einer wahren Idee der Vernunft, aber auf einem falschen Wege nach. Der Skeptiker bestreitet die Einbildung des Dogmatikers, und sucht methodisch Unwissenheit zu begründen, wodurch jene Idee vernichtet wird. So ist in den Lehren beider Wahres und Falsches gemischt.»

§ 58. «In Ansehung des Erkenntnissmittels ist der Dogmatismus entweder Sensualismus oder Rationalismus im engeren Sinne, oder Vereinigung von beiden; in Ansehung des Ursprungs der Erkenntnisse Empirismus oder Noologismus, oder Vereinigung von beiden; endlich in Ansehung der Zahl der Grundprincipien Dualismus oder Monismus, zu welcher letzteren Form der Materialismus und Spiritualismus, sowie das absolute Identitätssystem gehört.»

Hegel urgiert diesen Gegensatz vielleicht am wenigsten scharf. Bd. XV p. 329 sagt er: «Einerseits ist es eine Metaphysik, andererseits die besonderen Wissenschaften; einerseits das abstrakte Denken als solches, andererseits der Inhalt desselben aus der Erfahrung; zwei Linien stehen abstrakt gegeneinander, theilen sich aber nicht so scharf. Wir werden zwar auf den Gegensatz kommen: von apriorischem Denken, dass die Bestimmungen, die dem Denken gelten sollen, aus dem Denken selbst genommen sein sollen; — und der Bestimmung, dass wir aus der Erfahrung anfangen, aus der Erfahrung schliessen müssen, denken müssen u. s. f. Es ist der Gegensatz von Rationalismus und Empirismus, aber es ist ein untergeordneter, weil auch das Philosophiren, was nur den immanenten Gedanken gelten lassen will, nicht methodisch Entwickeltes aus der Nothwendigkeit des Denkens nimmt, sondern auch seinen Inhalt nimmt aus der Erfahrung, aus der inneren oder äusseren; die metaphysische Seite verfährt ebenso empirisch. Die Form der Philosophie, welche durch das Denken zunächst erzeugt wird, ist die der Metaphysik, die Form des denkenden Verstandes; die zweite ist der Skepticismus und Kriticismus gegen den denkenden Verstand, gegen die Metaphysik als solche und gegen das Allgemeine des Empirismus. Die erste Periode, die der Metaphysik enthält als Hauptpersonen Cartesius, Spinoza, Locke, Leibnitz u. s. f., die französischen Materialisten. Das andere ist die Kritik, Negation dieser Metaphysik, und der Versuch, das Erkennen für sich selbst zu betrachten.

dass die Bestimmungen aus dem Erkennen selbst abgeleitet werden, betrachtet wird, welche Bestimmungen sich aus ihm entwickeln.»

Hegel trennt also :

I. Form des denkenden Verstandes: a) Rationalismus, b) Empirismus.

II. Gegen den denkenden Verstand : a) Skepticismus, b) Kriticismus.

So sehr also Hegel seiner ganzen dialektischen Methode nach den Gegensatz durch das Umschlagen der einander gegenüberstehenden Glieder in einander zu verwischen geneigt ist, so erkennt man doch auch bei ihm die Kant'sche Formulierung unschwer wieder.

Viel stärker betont den Gegensatz Ueberweg in seinem «Grundriss der Geschichte der Philosophie ed Max Heinze 1880».

Band III p. 35 f. sagt er :

«Den zweiten Abschnitt der Philosophie der Neuzeit charakterisirt der ausgebildete Gegensatz zwischen Empirismus und Dogmatismus, neben welchen Richtungen auch der Skepticismus zu selbständigerer Entwicklung als in der Uebergangsperiode gelangt Der Empirismus ist die Einschränkung der Methode der philosophischen Forschung auf Erfahrung und Combination von Erfahrungsthatsachen und des Bereiches der philosophischen Erkenntniss auf die durch diese Methode erkennbaren Objekte, ohne die philosophischen Spezialdoctrinen auf eine philosophische Erkenntniss des absoluten Princips zu basiren. Der Dogmatismus ist diejenige philosophische Richtung, welche durch das Denken den gesammten Kreis der Erfahrung und der Analoga der Erfahrung überschreiten und zur Erkenntniss des absoluten Princips gelangen zu können glaubt und auf die Erkenntniss des Absoluten alle andere philosophische Erkenntniss gründet. Der Skepticismus ist der principielle Zweifel an jeder Gewissheit, mindestens an der Gültigkeit aller den Erfahrungskreis überschreitenden Sätze (ohne dass von ihm, wie es durch den kantischen «Kriticismus» geschieht, vermittelst einer Kritik der menschlichen Erkenntnisskraft ein unserer Vernunfterkenntniss unzugängliches Gebiet methodisch abgegrenzt wird). Man kann mit demselben Rechte diese Periode auch charakterisiren durch den Gegensatz des Empirismus, der alle Erkenntniss ihrem Ursprung nach aus der Erfahrung ableitet, und des Rationalismus. der in der Vernunft die Quelle aller Erkenntniss sieht. Der letztere deckt sich ungefähr mit dem Dogmatismus. In diesen beiden Richtungen, der empiristischen und der rationalistischen zeigt sich überhaupt der erkenntnisstheoretische Charakter der neueren Philosophie.»

Am schroffsten dürfte wohl K. Fischer die Trennung betont haben. Nachdem er in dem 1. Band (Ausgabe von 1865 Mannheim) pag. 114 und 115 den dogmatischen und naturalistischen Charakter der vorkantischen Philosophie festgestellt hat, sagt er pag. 15 f. : «Allein in dieser Voraussetzung, in der es beginnt, liegt zugleich die Nothwendigkeit, dass sich dieses Zeitalter in entgegengesetzten Richtungen entwickelt Das Wesen der Dinge soll erkannt werden. Die wahre Erkenntniss kann nur eine sein, also auch nur eins das wahre Erkenntnissvermögen. Nun aber bietet die menschliche Vernunft zwei Vermögen dar, durch welche die Dinge vorgestellt werden: die Sinnlichkeit und den Verstand, das wahrnehmende und das rein denkende Vermögen. Von diesen beiden Vermögen ist jedes in der Natur der menschlichen Vernunft gegeben, also jedes ursprünglich berechtigt. Hier entsteht daher nothwendig ein Streit, der die Philosophie in entgegengesetzte Richtungen theilt, die beide getragen sind von der gemeinschaftlichen dogmatischen Grundlage und der gemeinschaftlichen naturalistischen Denkweise. Die eine Richtung setzt die Sinnlichkeit voraus als das allein wahre Erkenntnissvermögen; sie erklärt: die sinnliche Erfahrung ist die allein wahre Erkenntniss. Die entgegengesetzte Richtung macht dieselbe Voraussetzung in Rücksicht des Verstandes, sie erklärt: das Denken ist die allein wahre Erkenntniss. Die erste Erklärung, welche die Erfahrung zum Princip der Erkenntniss macht, ist empiristisch oder realistisch, wie jetzt dieser Ausdruck verstanden wird. Die zweite ist rationalistisch oder idealistisch. Dort erscheint die wahre Vorstellung der Dinge nur möglich durch die Sinne, hier nur möglich durch Begriffe.

So entwickelt sich die dogmatische Philosophie von ihrem Ursprunge an in die beiden entgegengesetzten Richtungen des Realismus (Empirismus) und Idealismus (Rationalismus). Die erste Richtung entspringt in England und nimmt ihren Weg nach Frankreich, wo sie ihre äussersten Grenzen erreicht. Die zweite Richtung entspringt in Frankreich und nimmt ihren Weg durch die Niederlande nach Deutschland. Der Begründer der realistischen Philosophie ist der Engländer Franz Bacon von Verulam, der Begründer der entgegengesetzten idealistischen der Franzose René Descartes. — Es ist leicht zu begreifen mit welcher Nothwendigkeit sich die idealistische Richtung der realistischen entgegenstellt. Das baconische Erkenntnissprincip fordert das cartesianische heraus. Es handelt sich um die wahre Vorstellung der Dinge. Die Dinge sollen vorgestellt werden wie sie sind, unabhängig von der Art, wie wir sie wahrnehmen. In dieser Beschaffenheit aber, wie sie an sich sind, können die Dinge nicht sinnlich vorgestellt, sondern nur gedacht werden. Hier liegt der ursprüngliche Differenzpunkt zwischen Empirismus und Idealismus, zwischen Bacon und Descartes. Die realistische Richtung der neueren Philosophie ist von Bacon eingeführt und durchgängig von ihm anhängig. Will man diese Abhängigkeit mit dem Worte Schule bezeichnen, dieses Wort im weitesten Umfange genommen, so lässt sich die Realphilosophie der neueren Zeit zusammenfassen unter dem Namen Bacon's und seiner Schule.».

Will sich jemand nach dieser Stelle über die neuere Philosophie orientieren, so ist sie geeignet schiefe Vorstellungen über dieselbe zu erzeugen und zu nähren. Man sieht es diesen haarscharf distinguierten Richtungen

K. Fischers an, dass sie in abstracto konstruiert sind. Aber es muss die Ansicht bestritten und verworfen werden, als lehrten die «Empiristen» oder «Idealesten», die Vernunft biete uns zwei Vermögen dar, durch welche die Dinge vorgestellt würden, nämlich Sinnlichkeit und Verstand. Wo in aller Welt lehrt uns z. B. Locke «die Vernunft biete uns die Sinnlichkeit dar, oder wo will er mit Hilfe der Sinnlichkeit die Dinge erkennen wie sie sind, Locke, der eine Erkenntniss der Dinge sogar leugnet? Der als Sensualist verschrieene Locke denkt gar nicht so gering von den auch nach ihm eingeborenen Vernunft- und Verstandesvermögen, als man glauben könnte, wenn man ihn unter die oben charakterisierte Richtung der Realisten stellt.

Ebensowenig kann man von Descartes sagen, dass er die Sinnlichkeit unterschätzt habe, wie ein Uneingeweihter aus der obigen Stelle unbedingt schliessen müsste. Descartes gewinnt durch den Verstand Erkenntnisse, womit er das durch die Sinne Wahrgenommene der Kritik unterwirft, um festzustellen, was davon als real zu gelten hat. So führt die allgemeine Charakteristik Fischer's irre; von einer solchen darf doch verlangt werden, dass man sie anwenden kann auf ein einzelnes System. Thun wir dies z. B. in Bezug auf Descartes und Locke, so ist eine Uebereinstimmung zwischen Allgemeinheit und dem Sonderfall nicht vorhanden. Das πρῶτον ψεῦδος ist zu suchen in dem Satz: «Die wahre Erkenntniss kann nur eine sein, also auch nur eins das wahre Erkenntniss vermögen.» Wieso? Kann nicht eine wahre Erkenntniss mit Hilfe verschiedener Vermögen erworben werden? Auch in dem Sinne vorkantischer Philosophen, also z. B. Descartes' und Locke's?

Die Vorrede des Werkes: Franz Baco von Verulam. Die Realphilosophie und ihr Zeitalter (Leipzig 1856), beginnt K. Fischer: «Das Theater der neueren Philosophie bildet einen Kampfplatz, auf dem sich zwei feindlich einander entgegengesetzte Richtungen, Realismus und Idealismus die Rechte der Wahrheit streitig machen. Es sind diese Richtungen nicht besondere Systeme, sondern Geschlechter der Philosophie, die in keinem anderen, als dem neueren Weltalter sich ihrer natürlichen Differenz so klar bewusst werden und dieselbe so scharf und deutlich ausprägen konnten. Dürfte man wissenschaftliche Gegensätze dramatischen vergleichen, so wären die Realisten und die Idealisten gleichsam die beiden feindlichen Chöre in dem Schauspiele der neueren Philosophie. Sie werden nicht eher verstummen, diese Gegensätze, als bis ihre Vereinigung gelungen ist, bis sich die feindlich gespannten Denkweisen so durchdringen, dass sie sich gegenseitig sättigen. Denn jede lebt nur von den Mängeln und Schwächen der andern. Diese Schranken los werden heisst, sie deutlich begreifen, das heisst die Kraft des Gegners anerkennen und zu der seinigen machen.» Dies Verdienst wird dann weiterhin der kantischen Philosophie zugeschrieben. — Um diese seine Ansicht noch deutlicher hervorzuheben, behandelt Fischer diese beiden von ihm am weitesten getrennten Richtungen in zwei verschiedenen Werken, wobei allerdings die «empiristische Philosophie» etwas sehr knapp — ich meine im Verhältniss — wegkommt. — Wenn es mir erlaubt ist eine psychologische Erklärung zu geben, wie dieser grosse Darsteller der Geschichte der modernen Philosophie dazu kommt, so sehr schroff zu scheiden und damit in dem einen oder anderen Falle unbarmherzig den Schüler von seinem Lehrer zu trennen, so dürfte vielleicht folgende Antwort die richtige sein: Den in den Systemen der Philosophie in der That enthaltenen, aber sie weder durchgängig bestimmenden, noch auch namentlich für ihre historische Genesis massgebenden Gegensatz hat K. Fischer wohl desshalb herausgehoben, weil derselbe für die Einführung in die theoretische Philosophie, welche ja stets ein didaktischer Hauptzweck der Geschichte der Philosophie bleibt, von hervorragendem Interesse ist. So entstanden, ist die Durchführung jenes Gegensatzes sicher noch befördert worden durch die Eigenart des Schriftstellers, der in allen Schriften eine Neigung zu schematisieren und kategorisieren deutlich hervortreten lässt. Das kantische Schema hat aber auch in der Geschichtsschreibung der Philosophie noch die weitere Wirkung gehabt, dass der kritische Gesichtspunkt, den er dem Gegensatz jener beiden Richtungen gegenüberstellte, als ein den vorkantischen Systemen ganz fremder und völlig neuer aufgefasst wurde. Auch diese Ansicht lässt sich bekanntlich nicht halten. Schon Descartes' Untersuchungen sind zum grossen Theil kritisch im kantischen Sinne. (Vergl. Natorp, Descartes' Erkenntnisslehre) Und weht nicht in dem bekannten Anfang des Locke'schen Hauptwerkes schon ein Hauch der kritischen Philosophie? Kant ist auch weit davon entfernt das Verdienst seiner Vorgänger um die Philosophie zu verkennen. Er redet mit Achtung namentlich auch von Locke, wo immer er von ihm spricht. Man vergleiche hierzu den Aufsatz von Drobisch in der Zeitschr. f. exakte Philosophie Bd. II p. 1-32: «Ueber Locke den Vorläufer Kant's».

Ausgehend von der bei dem Studium Locke's und Descartes' gewonnenen Ueberzeugung, dass der fundamentale Unterschied, «die Feindschaft der beiden Chöre», niemals so tief war, wie er häufig gemacht wurde, beabsichtigt der Verfasser dieser Arbeit, diese seine Ueberzeugung an einigen Punkten der den «feindlichen Lagern» angehörenden Philosophen Descartes und Locke zu rechtfertigen und zu begründen.

Von den verschiedensten Autoren ist es gelegentlich klar ausgesprochen, dass die behauptete Trennung als eine fundamentale von ihnen nicht acceptirt wird. Bei andern Schriftstellern werden bei der Behandlung der einzelnen Philosophen beiläufige Bemerkungen gemacht, die das Princip einer strengen Scheidung durchbrechen, ohne dass im Zusammenhange jenem Zerlegen der vorkantischen Philosophie in die rationalistische und die sensualistische Schule entgegengetreten würde. Ich führe zum Beweise meiner Behauptung Stellen aus einer Anzahl Autoren an, darunter auch solche, die sich ausgesprochen haben über das Verhältniss der von uns behandelten Philosophen Descartes und Locke.

J. H. v. Kirchmann, René Descartes' philosophische Werke. Meditationen p. 83 Anm. 47.

«Descartes geht hier auf die bereits früher gemachte Unterscheidung dieser formalen Bestimmungen gegenüber den materialen der Farbe, des Tones, des Geschmacks u. s. w. zurück. Er rechnet letztere zu den verworrenen Vorstellungen und nur jene zu den klaren. Locke machte später daraus den Unterschied der ersten (primary) und zweiten (secundary qualities) und folgte dem Descartes darin, dass er nur jene für real anerkannte.»

«pag. 104 Anm 63. Nach dieser Stelle bestreitet Descartes auch die Objectivität der Farbe. Töne, Geschmäcke u. s. w. nicht gänzlich. Auch hier soll «etwas Wahrheit», d. h. etwas im Gegenstande, was diesen Wahrnehmungen entspricht, vorhanden sein; Descartes lässt nur dieses Etwas unbestimmt. — Locke ging weiter und leugnete die Objektivität dieser materialen (secondary qualities) Bestimmungen gänzlich, und dieselbe Ansicht herrscht auch in der modernen Naturwissenschaft. Indess ergeben die Principien der Philosophie, welche Descartes einige Jahre später veröffentlicht, dass er schon ganz auf dem Standtpunkt von Locke steht und das Wirkliche für diese materialen Sinnesempfindungen nur in Bewegungen der kleinsten Theilchen der körperlichen Substanz setzt.»

P. Laromiguière, Leçons de philosophie sur les principes de l'intelligence ou sur les causes et sur les origines des idées II B. (Paris 1844) p. 207.

Venons à Descartes, et contre l'opinion universelle, prouvons qu'il n'admet pas d'idées innées. Il admet bien le mot, mais il rejette la chose.

Si, en effet, ce n'est pas un paradoxe que nous avançons, qu'on juge à quel point il faut se tenir en garde contre les discours des hommes. Tous les philosophes, sans en excepter un seul, attribuent à Descartes la doctrine des idées innées. Ouvrons les livres de Descartes, lisons ce qu'il dit lui-même de cette doctrine dans ses réponses à Hobbes et à Regius.

pag. 208. *Réponse de Descartes:* «Lorsque je dis que quelque idée est née avec nous, ou qu'elle est naturellement empreinte en nos âmes, je n'entends pas qu'elle se présente toujours à notre pensée; car, ainsi, il n'y en aurait aucune, mais j'entends seulement que nous avons en nous-mêmes la faculté de la produire.»

Sir William Hamilton, Lectures on Metaphysic and Logic ed. Mansel and Veitch (Edinburgh and London 1870).

Vol. II p. 108. Connected with the preceding distinction of Perception and Sensation, is the distinction of the primary and secondary qualities of matter. This distinction cannot be omitted; but I shall not attempt to follow out the various difficult and doubtful problems which it presents.

It would only confuse you were I to attempt to determine, how far this distinction was known to the Atomic Physiologists, prior to Aristotle, and how far Aristotle himself was aware of the principle on which it proceeds. It is enough to notice, as the most remarkable opinion of antiquity, that of Democritus, who, except the common qualities of body which are known by Touch, denied that the senses afforded us any information concerning the real properties of matter. Among modern philosophers, Descartes was the first who recalled attention to the distinction. According to him, the primary qualities differ from the secondary in this, — that our knowledge of the former is more clear and distinct than of the latter «Longe alio modo cognoscimus quid sit in corpore magnitudo vel figura quam quid sit in eodem corpore, color, vel odor, vel sapor. — Longe evidentius cognoscimus quid sit in corpore esse figuratum quam quid sit esse coloratum» (Princ. § 69).

### The Works of Thomas Reid ed. by Sir William Hamilton (Edinburgh 1872).

Vol. I p. 141 Anm. The terms first and Second, or Primary and Secondary qualities were no more an invention of Locke than the distinction which he applied them to denote.

p. 273 Anm. The doctrine of Des Cartes, in relation to Innate Ideas has been very generally misunderstood; and by no morethan Locke (Die Lehre mag missverstanden worden sein. aber nicht von L o c k e, wie uns scheint. Die Polemik des I. Bandes des Hauptwerkes von L o c k e geht nicht gegen D e s c a r t e s, vergl. Cap. III). What it really amounted to, is clearly stated in his strictures on the Program of Regius. Justice has latterly been done him, among others, by Mr. Stewart in his «Dissertation» and by M. Lamorignière in his «Cours».

pag. 360 Anm. . . . Locke only introduced into E n g l i s h philosophy the term i d e a in its Cartesian universality. Prior to him, the word was only used with us in its Platonic signification. B e f o r e Des Cartes, David, Buchanan, a Scotsh philosopher, who sojourned in France, had, however, employed I d e a in an equal latitude.

### Dugald Stewart Esq., Dissertation ed. by Sir William Hamilton (Edinburgh 1877).

pag. 112. According to a late writer (Condorcet), whose literary decisions (excepting where he touches on religion or politics) are justly entitled to the highest deference, Descartes has a better claim than any other individual to be regarded as the father of that spirit of free inquiry which, in modern Europe, has so remarkably displayed itself in all the various departments of knowledge of Bacon he observes, «that though he possessed, in a most eminent degree, the genius of philosophy, he did not unite with it the genius of the sciences; and that the methods proposed by him for the investigation of truth, consisting entirely of precepts which he was unable to exemplify, had little or no effect in accelerating the rate of discovery». As for Galileo, he remarks, on the other hand, « that his exclusive taste for mathematical and physical researches disqualified him for communicating to the general mind that impulse of which it stod in need».

«This honour» he adds «was reserved for Descartes, who combined in himself the characteristical endowments of both his predecessors. If in the physical sciences, his march be less sure than that of Galileo — if his logic be less cautions than that of Bacon, — yet the very temerity of his errors was instrumental to the progress of the human race. He gave activity to minds which the circumspection of his rivals could not awake from their lethargy. He called upon men to throw off the yoke of authority, acknowledging no influence but what reason should avow : And his call was obeyed by a multitude of followers, encouraged by the boldness and fascinated by the enthusiasm of their leader.

M. V. Cousin, Cours de l'histoire de la philosophie (Paris 1829).

Bd. I p. 459. Comme Bacon, il (sc. Descartes) débute par les préceptes les plus sages qui n'appartiennent à aucune école, et qui sont l'âme de la philosophie moderne tout entière. Lui-même est loin d'avoir négligé les études qui ont pour objet la nature extérieure Rappelez-vous que Descartes était un des plus grands physiciens de son temps, qu'il passait sa vie à faire des expériences; mais c'était par dessus tout un grand géomètre et un observateur de la nature humaine. Il inclinait donc par la pente de son esprit et de ses habitudes à l'idéalisme; et comme au commencement du dix-septième siècle Bacon représente et reproduit Telesio et Campanella, de même Descartes représente de son côté et reproduit, avec les mêmes différences de temps et do génie, Jordano Bruno.

Interessant für unsere Frage ist von Victor Cousin:

Essai d'une classification des questions et des écoles philosophiques (Fragments philosophiques, Paris 1838. 1. B. pag. 319-333).

Die bezeichnendste Stelle ist vielleicht pag. 331 :

Mais autant ces trois grandes écoles se rapprochent par l'esprit général qui les anime, autant elles diffèrent par leurs principes positifs; et la raison de cette différence est le point de vue particulier sous lequel chacune d'elles a considéré la philosophie. (Cousin trennt hier in drei Schulen, die Locke's, die Reid's und die Kant's.)

Bei der Vergleichung der beiden Denker gelangte ich zu einem Punkte in dem Systeme Descartes', der trotz seiner, ich möchte sagen, fundamentalen Bedeutung für die cartesianische Philosophie noch nicht mit genügender Ausführlichkeit, wenn überhaupt, behandelt ist: ich meine das cartesianische lumen naturale. Nur durch so etwas, wie das lumen naturale, war der Aufbau eines Systemes, wie es Cartesius errichtet hat, ermöglicht. Nachdem dieser Lehrartikel des Descartes behandelt ist, werde ich das Analogon desselben bei Locke nachzuweisen und als solches zu erweisen haben, um als letzten Theil die Ansicht beider Philosophen über die Körperwelt und deren Erkenntniss zu behandeln. Ich bemerke dabei, dass ich aus dem oben erklärten Grunde dem cartesianischen lumen naturale eine ganz ausführliche Behandlung werde zu Theil werden lassen, wie es bisher nicht geschehen ist.

## Capitel II.
### Das cartesianische «lumen naturale».

Wo immer die Darsteller der cartesianischen Philosophie auf den Begriff des lumen naturale stossen, da nennen sie ihn mit dem von Descartes dafür ausgeworfenen Namen und gehen mit den Worten: «Dies ist Descartes nach den natürlichen Lichte klar», weiter. Eine Sammlung der Stellen, wo sich dieser Lehrartikel bei Descartes findet, und ein daraus abgeleiteter Schluss, auf welche Objekte Descartes das lumen naturale anwendet, und welche Ideen ihm lumine naturali klar sind, dürften wohl zu den Desideratis in der Geschichte der Philosophie gehören. Vielleicht lässt sich auch durch Klarlegung dieser Dinge ein neuer Gesichtspunkt finden, von dem aus neues Licht auf den so oft gerügten cartesianischen Zirkelschluss fällt. Eine wie verworrene Ansicht vielfach über das natürliche Licht bei Descartes geäussert wird, kann man aus einer Anmerkung zu Descartes' Meditationen (Med. III, p. 49 der Uebersetzung, Anm. 19) von J. H. v. Kirchmann ersehen. Daselbst heisst es: «Descartes führt hier in dem natürlichen Licht eine neue Quelle der Wahrheit ein und zwar plötzlich und ohne Zusammenhang mit dem Vorhergehenden. Auch wird dieses «Licht» nicht weiter erläutert; es wird nur als die Quelle der höchsten Gewissheit und Wahrheit bezeichnet. Descartes benutzt später diesen Begriff noch oft und versteht darunter die Nothwendigkeit, welche gewissen Fundamentalsätzen anhaftet, sie zu befolgen und das auf ihnen ruhende Wissen für wahr zu nehmen. Insbesondere rechnet er den Satz des Widerspruches zum natürlichen Licht. Descartes zeigt durch diesen Wechsel in seinen Gründen deutlich, dass eben diese letzten Sätze nicht beweisbar sind, und dass man sich mit der Nothwendigkeit, die ihnen anhaftet, begnügen muss. Alle Versuche, diese Sätze zu beweisen oder sonst zu stützen, sind vergeblich und laufen, wie das Verfahren von Descartes zeigt, auf Tautologieen oder Zirkelschlüsse oder Illusionen hinaus.»

Dies sind schwerwiegende Vorwürfe gegen einen der grössten Philosophen, gegen einen originellen Denker, der von nur wenigen in seiner strikten Consequenz erreicht wird! Desshalb müssen schon von vornherein derartige Vorwürfe mit grosser Vorsicht aufgenommen werden. Zur Kritik dieser Kirchmann'schen Anmerkung möchte ich zuerst bemerken, dass sich doch wohl von einem Descartes erwarten lässt, dass er sich etwas klares unter einem so oft von ihm gebrauchten Ausdruck gedacht hat. — Aus der unklaren Darstellung und den Widersprüchen in dem oben Angeführten geht hervor, dass Kirchmann sich nichts klares darunter zu denken vermochte. Es wird namentlich nicht klar, ob er sich darunter eine Anzahl von Sätzen, oder die denselben anhaftende Denknothwendigkeit, oder endlich das diese Sätze liefernde Vermögen vorgestellt hat.

Wer auch nur im geringsten sich Mühe gegeben hat, Descartes in seinem klaren, wenn auch manchmal abstrusen Denken zu folgen, der muss daran Anstoss nehmen, dass es ihm in seinen Meditationen passieren soll, plötzlich und ohne Zusammenhang und, setzen wir im Sinne Kirchmann's hinzu, unbemerkt «eine neue Quelle der Wahrheit einzuführen». Ich kann mir aus dem Geiste des cartesianischen Systemes heraus nicht klar machen, was Kirchmann unter einer «neuen Quelle der Wahrheit» versteht. Descartes hat eben nur eine Quelle der Wahrheit, und das ist das lumen naturale. Ferner behauptet nach dem Angeführten Kirchmann, Descartes habe jene Grundsätze zu beweisen sich angeschickt. Wo macht sich zu einem derartigen Beweise Descartes jemals anheischig? Gerade der Umstand, dass er dies niemals thut, beweist, dass ihm das lumen naturale die einzige Quelle der Wahrheit ist. Ferner sagt Kirchmann in der Anm. 52 zur fünften Meditation: «Hier tritt der Zirkelschluss hervor, in dem sich Descartes bewegt. Zuerst stellt er als Kriterium der Wahrheit auf, dass alles klar und deutlich eingesehene wahr sei. Er stützt diesen Satz nur auf das natürliche Licht, d. h. auf sich selbst, denn das natürliche Licht ist eben nur ein anderes Wort für das: klar und deutlich. Auf diesen Satz wird die Wahrheit des: «Ich denke also bin ich,» gestützt; dann wird aus meinem Sein und meiner Vorstellung Gottes das Dasein Gottes abgeleitet.» Wird oben unter anderem das lumen naturale eine «neue Quelle der Wahrheit» genannt, so wird hier davon gesagt, es sei ein Wort, welches Descartes einmal gelegentlich für das «klar und deutlich» anwendet. Hier also stellt sich im Sinne Kirchmann's das lumen naturale als gleichbedeutend mit einem Kriterium der Wahrheit dar.

Ausführlicher und mehr im Sinne Descartes' behandelt Eduard Grimm das lumen naturale in seiner Schrift: «Descartes' Lehre von den angeborenen Ideen», pag 11 ff. — Grimm rügt es an Descartes, dass er diese Erkenntnissquelle, die er lumen naturale nennt, während er überall, wo es auf Ableitung aus gewissen Voraussetzungen ankommt, vorsichtig Schritt für Schritt vorwärts geht, um auch den geringsten Sprung in seiner Entwicklung zu vermeiden, stets ohne alle Vorbereitung einführt, eine Erkenntnissquelle, die ihm um so weniger einer Begründung zu bedürfen scheint, je sicherer die aus derselben hergeleiteten Wahrheiten durch sich selber sind. Grimm hat dann vollkommen Recht, wenn er sagt, dass, da die aus dem natürlichen Licht abgeleiteten Sätze jederzeit unmittelbar gewiss sind, wir dies natürliche Licht nicht bezeichnen dürfen als das Vermögen, überhaupt klar und deutlich zu erkennen, sondern als das, ohne Voraussetzungen klar und deutlich zu erkennen Pag. 15 sagt Grimm: «Der Satz, den Descartes als Prinzip im zweiten Sinne aufführt: «Ich existire», gilt ihm als ebenso unmittelbar gewiss, als jene formalen Prinzipien, und es lässt sich nicht behaupten, dass Descartes diese Erkenntniss nicht aus dem natürlichen Lichte abgeleitet habe » Dies beweist die für das cartesianische System wichtige Stelle Med. III: Quaecunque lumine naturali mihi ostenduntur (ut quod ex eo quod dubitem sequatur me esse et similia) nullo modo dubia esse possunt. — Grimm bemüht sich, aus dem Wesen der von Descartes als eingeboren angeführten Ideen das Kriterium für eben diese Vorstellungen festzustellen. Mehrmals redet er in seiner gründlich über die eingeborenen Ideen handelnden Schrift davon, dass Descartes die eingeborenen Ideen nicht vollständig aufgezählt habe Diese Forderung würde der Autor nicht haben an Descartes stellen können, wenn Grimm einmal die eingeborenen Ideen in Bezug auf das lumen naturale behandelt hätte. Die eingeborenen Ideen und selbst die des Ich werden uns klar und deutlich nur durch das lumen naturale. Nun ist es aber unmöglich, alle diese lumine naturali klaren und deutlichen Ideen aufzuzählen. Grimm führt eine Stelle aus den Briefen Descartes' an. die ihn in ein Dilemma bringt: Epist. P. 1, 99, S. 325: «Nun werden aber nicht einmal die Bewegungen selbst, oder die Figuren, die aus ihnen entspringen, in der Beschaffenheit aufgenommen, wie sie in den Organen der Sinne sich uns darbieten. Daraus folgt, dass selbst die Ideen der Bewegungen und Figuren uns angeboren sind. In diesem Falle aber müssen erst recht jene anderen Ideen uns angeboren sein, die nicht einmal eine Aehnlichkeit haben mit körperlichen Bewegungen, nämlich die Idee des Schmerzes, der Farben, der Töne u. s w.» Wenn Grimm das lumen naturale als den Kardinalpunkt in Descartes' System gefasst hätte, wie es zu fassen ist, würde es ihm die Schwierigkeiten nicht veranlasst haben, diesen Satz mit dem Systeme Descartes', worin immer aufs strikteste, zwischen aus dem Denken hervorgegangenen Ideen, die angeboren sind, und den durch die Sinne gelieferten, oft als verworren bezeichneten, in Einklang zu bringen. Dann ist nicht « der vor aller Erfahrung in uns enthaltene Keim» die eigentliche Ursache der Bildung der in obiger Stelle erwähnten Ideen, sondern das lumen naturale, was uns diese Vorstellungen bilden und klar und deutlich erkennen lässt, indem dabei eine äussere Ursache durch Stoss auf uns wirkt. — Pag. 76 sagt Grimm: « Dass eine Vorstellung uns angeboren sein soll, soll soviel sagen, als dass unser Geist die Fähigkeit der Anlage zur Bildung dieser Vorstellungen in sich trage. » Diese Fähigkeit aber, eine solche Idee zu bilden, d. h. etwas für jedes menschliche Bewusstsein allgemein und nothwendig Bindendes auszusagen, kommt allein dem lumen naturale zu, oder ist vielmehr das lumen naturale. Damit stimmt auch, was Grimm aus anderen Gründen annehmen muss, dass nämlich in einem so festgefügten Systeme, wie das cartesianische es ist, bloss das Interesse, was Descartes an den einzelnen Vorstellungen, den eingeborenen Ideen, nimmt, die Reihenfolge derselben bestimmt.

Durch das lumen naturale werden viele solcher Vorstellungen gegeben, das Interesse bestimmt die Reihenfolge, d. h. das lumen naturale benützt eben diejenigen, die zum Weitergehen nothwendig sind. So nimmt das lumen naturale, d. i. die ursprüngliche Fähigkeit des Geistes voraussetzungslos durch unmittelbare Selbstgewissheit, intuitiv Erkenntnisse zu liefern, in dem Systeme Descartes' die wichtigste Stelle ein. Descartes ist sich dessen wohl bewusst, wo er diese von ihm selbst unerklärte, in seinem System aber durch das, was sie leisten soll und leistet, deutlich zu erkennende Erkenntnissquelle einführt. Es ist das lumen naturale gleichsam, um in einem cartesianischen Bilde zu bleiben, der Fels, auf dem der feste Punkt, den er in dem Meere des Zweifels sucht, ruht. Was schliesslich den Ausdruck selbst angeht, so könnte man glauben, es sei die Leuchte, die dem erkennenden Ich die Wahrheiten finden hilft. Es war ein in der Scholastik sehr gebräuchlicher Ausdruck, der in einer theilweise gegensätzlichen Beziehung zu der Offenbarung und den Wahrheiten derselben stand.

Er braucht den Ausdruck nicht zu erklären, weil ihn jeder als philosophischen terminus technicus kennt. Für sein System braucht er den Ausdruck nicht zu erklären, weil er sich nicht deutlicher erklären lässt, als er ihn durch die Anwendung, die er davon in seinem Systeme macht, erklärt. Wenn er in seinen Briefen P. II 52 Amstel. 1658 sagt: Pro certo habeas nihil esse in Metaphysica mea quod non credam esse vel lumine naturali notissimum vel accurate demonstratum, so setzt er doch damit als erste und einzige Erkenntnissquelle das lumen naturale voraus, das uns ursprüngliche Begriffe d. h. eingeborene Ideen und Axiome liefert, während die demonstratio das Urtheilsvermögen voraussetzt, das eng mit dem lumen naturale zusammenhängt, auf das ich hier nicht eingehe.

Es war mir in Obigem Gelegenheit gegeben, meine Ansicht über das, was Descartes lumen naturale nennt, darzulegen. Um diese ausgesprochene

Ansicht zu rechtfertigen, werde ich die Stellen, wo Descartes Anwendung von diesem Lehrartikel macht, zusammenzustellen und zu zeigen haben, wie und in welchem Masse Descartes mit dem natürlichen Lichte operiert.

Synopsis sex sequentium meditationum pag. 3: In qnarta probatur ea omnia quae clare et distincte percipimus, esse vera: simulque in quo ratio falsitatis consistat explicatur; quae necessario sciri debent, tam ad praecedentia firmanda, quam ad reliqua intelligenda. Sed ibi, interim est advertendum nullo modo agi de peccato, vel errore qui committitur in persecutione boni et mali, sed de eo tantum qui contingit in dijudicatione veri et falsi. Nec ea spectari quae ad fidem pertinent, vel ad vitam agendam, sed tantum speculativas; et solius luminis naturalis ope cognitas veritates. Es werden hier von Descartes die Erkenntnisse, welche aus dem lumen naturale fliessen gegenübergesetzt den moralischen Ueberzeugungen einer-, den religiösen andererseits. Es tritt das natürliche Licht hier als der massgebende intellectuelle Faktor hervor, als Princip der theoretischen Philosophie. Wenn Descartes hier die lumine naturali eingesehenen Erkenntnisse den Offenbarungswahrheiten gegenüberstellt und beide unabhängig von einander bestehen lässt, so dürfen wir wohl annehmen, dass dies an dieser Stelle seine Ueberzeugung ist, und dass er nicht, wie dies wohl behauptet wurde, sich nur den Rücken gegen die Kirche decken will. Ich will damit nicht sagen, dass er der Kirche nicht manches zu Liebe gethan hätte, wie z. B. dass er seinem Hauptwerk den Titel gab: Meditationes de prima philosophia, ubi de Dei existentia et anima immortalitate etc., was doch ein sonderbarer Titel für ein solches Werk ist.

Med. III p. 17. Cum hic dico me ita doctum esse a natura, intelligo tantum spontaneo quodam impetu me ferri ad hoc credendum, non lumine aliquo naturali mihi ostendi esse verum, quae duo multum discrepant. nam quaecunque lumine naturali mihi ostenduntur, (ut quod ex eo quod dubitem sequatur me esse, et similia) nullo modo dubia esse possunt, quia nulla alia facultas esse potest, cui aeque fidam ac lumini isti, quaeque illa non vera esse possit docere. sed quantum ad impetus naturales, jam saepe olim judicavi me ab illis in deteriorem partem fuisse impulsum cum de bono eligendo ageretur, nec video cur iisdem in ulla alia re magis fidam.

Auf die Wichtigkeit dieser Stelle für das, was für Descartes das lumen naturale bedeutet, ist oben schon hingewiesen. Im übrigen wollen wir zusehen, in welchem Gegensatz Descartes das lumen naturale hier behandelt. Durch Entgegenstellen scheint mir hier, wie so oft, die Sache klarer zu werden. Er gebraucht das lumen naturale im Gegensatz zu doctum a natura esse, zu einem spontaneus quidam impetus, zu impetus naturalis, also zu einem logisch nubegründeten Trieb, der sich des menschlichen Geistes bemächtigt, etwas zu glauben, zu einem nicht durch eine Einsicht vermittelten Beweggrunde, der zum Handeln antreibt. Das lumen naturale ist im Gegensatz dazu der Grund und die tiefste, unerschütterliche Grundlage der Erkenntniss; es gibt nichts, dem man so vertrauen könnte, wie diesem Lichte. Wenn uns jener impetus gelegentlich schon irre geleitet hat, so hat es das lumen naturale noch nie gethan; wir können, ohne auf alles Wissen verzichten zu müssen, nicht anders handeln, als uns ganz und unbedingt demselben anvertrauen. Wenn Descartes an anderer Stelle einmal als Grund dafür, dass das, was mit Hilfe des lumen naturale klar und deutlich erkannt ist, wahr sein muss, die Wahrhaftigkeit Gottes als Stütze braucht, so räumt er damit eben nur ein selbstgeschaffenes Hinderniss weg. Denn er hatte die aus dem lumen naturale sich ergebenden Wahrheiten nur durch das Einführen eines übermenschlichen, bösartigen Dämons erschüttern können; durch diesen übermächtigen, bösen Dämon hatte er die Möglichkeit geschaffen, dass wir auch in den sonst ihm als unerschütterlich geltenden Wahrheiten des lumen naturale getäuscht werden könnten; durch den noch mächtigeren, wahrhaftigen, allgütigen Gott beseitigt er diese Möglichkeit wieder, aber mit Hilfe des Gottes, dessen Existenz er in seinem Systeme durch das lumen naturale bewiesen hat. So haben wir allerdings einen Zirkel, der durch das lumen naturale bewiesene, als existierend bewiesene Gott stützt eben dies lumen naturale und schützt uns vor den vorher in prinzipiellem Zweifel als möglich hingestellten übermächtigen Eingriffen des Teufels in unsere Erkenntniss.

Med. III p. 18. Jam vero lumine naturali manifestum est tantumdem ad minimum esse, debere in causa efficiente et totali, quantum in ejusdem causae effectu, nam quaeso undenam posset assumere realitatem suam effectus nisi a causa? et quomodo illam ei causa dare posset, nisi etiam haberet? Hinc autem sequitur nec posse aliquid a nihilo fieri, nec etiam id quod magis perfectum est, hoc est, quod plus realitatis in se continet ab eo quod minus.

An dieser Stelle benützt Descartes das lumen naturale als Stütze für das Kausalitätsprinzip. Dabei wird die Frage nothwendig, ob das Kausalitätsgesetz durch einen Schluss bewiesen werden soll, etwa in der Weise:

Major: Alles, was aus dem lumen naturale abgeleitet werden kann, ist wahr, weil klar und deutlich.

Minor: Das Kausalitätsgesetz kann aus dem lumen naturale klar und deutlich abgeleitet werden.

Conclusio: Also ist das klar und deutlich aus dem lumen naturale abgeleitete Kausalitätsgesetz wahr.

Diese Frage ist mit «Nein» zu beantworten. Die Wahrheiten des lumen naturale werden nirgends logisch erschlossen, sondern wir schauen sie unmittelbar als wahr, sie sind durch Intuition klar und deutlich; wir können nicht anders als sie für wahr halten, wenn wir unser Denken darauf richten. Unsere Existenz ist eben eine solche Wahrheit, nicht logisch erschlossen, sondern mit dem Denken selbst gegeben, und es kann keinen logischen

Schluss bedeuten, wenn er gelegentlich dafür sequi sagt, wie z. B. III pag. 17. Wenn wir nun fragen, woher wissen wir, dass wir denken und was ist das Denken, dann verweist uns Descartes auf uns selbst; um zu wissen, was Denken ist, müssen wir eben selbst denken, dann werden wir es wissen, es lässt sich nicht erklären. Durch die unmittelbare Wahrnehmung an unserem Geist kommen wir dazu zu wissen, was Denken ist. So unmittelbar, wie die Vorstellung davon, was Denken, Zweifeln u. s. w. unserem Bewusstsein ist, liegen uns auch die Axiome, also auch das Kausalitätsgesetz. Wie sollte man sich sonst die rhetorische Frage: Nam quaeso undenam etc. erklären?

Med. III p. 14. Et quamvis forte una idea ex alia nasci possit, non tamen hic datur progressus in infinitum, sed tandem ad aliquam primam debet deveniri, cujus causa sit instar archetypi in quo omnis realitas formaliter contineatur quae est in idea tantum objective; adeo ut lumine naturali mihi sit perspicuum ideas in me esse veluti quasdam imagines, quae possunt quidem facile deficere a perfectione rerum, a quibus sunt desumptae, non autem quicquam majus aut perfectius continere.

Wir haben es hier ebenfalls zu thun mit dem Kausalitätsgesetz. Es ist eine Art Kausalitätsgesetz, wenn ich mich so ausdrücken darf, nur von dem cartesianischen Standpunkt aus zu verstehen, dass nämlich in den Dingen mindestens ebensoviel oder mehr formale Realität sein muss, als objektive Realität in den Ideen ist. Denn die Ideen sind erzeugt von den Dingen. Ich wende dabei den Sprachgebrauch Descartes an. Die Ideen sind gleichsam Bilder, die von den Gegenständen, den Originalen abgezogen sind.

Med. III p. 20. Quibus profecto non est necesse ut aliquem auctorem a me diversum assignem, nam si quidem sint falsae, hoc est nullas res repraesentent, lumine naturali notum mihi est, illas a nihilo procedere, hoc est, non aliam ob causam in me esse, quam quia deest aliquid naturae meae, nec est plane perfecta.

Es handelt sich hierbei um die Vorstellungen von Wärme und Kälte, von denen Descartes sagt, dass es nicht klar ist, ob die Kälte ein Mangel an Wärme ist oder umgekehrt, oder ob beides reale Dinge sind. Wenn sie falsch sind, d. h. wenn sie keinen Gegenstand vorstellen, so ist nach Descartes nach dem lumen naturale klar, dass sie aus nichts entstehen, d. h., dass nur ein Mangel in unserer Natur sie in uns konnte entstehen lassen. Das Axiom, was also hier nach dem lumen naturale klar ist, lautet: Falsche Vorstellungen in mir, d. h. Vorstellungen, welche keinen Gegenstand als Archetypus haben, rühren von einem Mangel in meiner Natur her. Wenn uns ein derartiger Satz heute nicht mehr lumine naturali klar ist, so beruht dies auf einer von der damaligen Zeit ganz verschiedenen Auffassungsweise rücksichtlich dieser Begriffe. Es hängt mit der Auffassung über den Begriff des Seins zusammen, den hier Descartes aus der Scholastik mit herübergenommen hat.

Med. III p. 22. Neque profecto quicquam est in his omnibus quod diligenter attendenti non sit lumine naturali manifestum. Diese Stelle bezieht sich auf das Voraufgegangene. Descartes steht in dem Beweis für das Dasein Gottes. Was ist an dieser Stelle Descartes nach dem lumen naturale klar? Es sind die Begriffe der positiven und der negativen Unendlichkeit, um die es sich handelt. Es ist dabei unserem Philosophen klar, dass es etwas anderes ist, wenn wir uns unsere Vermögen bis zur Vollkommenheit gesteigert denken, und wenn wir uns die Idee Gottes vorstellen und hierin die fertige Vollkommenheit vor unser Bewusstsein stellen, die Vollkommenheit eines Wesens, in dem es keine Vermögen gibt, keine Anlagen zur Entwicklung, sondern nur Fertigkeiten. Schon das Vollkommenwerdenkönnen involviert eine Unvollkommenheit. Ob nun diese Vorstellung eines in positiver Weise vollkommensten Wesens in uns existiert oder nicht — nach Descartes existiert sie — ist für uns hier nicht von Belang. Es wird also von Descartes das lumen naturale hier dazu benützt, zwei Begriffe zu bestimmen und zu unterscheiden; intuitiv sollen wir den Unterschied erfassen als einen lumine naturali klaren und deutlichen zwischen positiver und negativer Unendlichkeit und Vollkommenheit; percipio, sagt Descartes weiter, esse objectivum ideae non a solo esse potentiali, quod proprie loquendo nihil est, sed tantummodo ab actuali.

Med. III pag. 23. Perspicuum enim est attendenti ad durationis naturam, eadem plane vi et actione opus esse ad rem quamlibet singulis momentis quibus durat conservandam, qua opus esset ad eandem de novo creandam si nondum existeret, adeo ut conservationem sola ratione a creatione differe sit etiam unum ex iis quae lumine naturali manifesta sunt.

Es ist für den Philosophen hier nach dem lumen naturale klar, dass die conservatio von der creatio sola ratione verschieden ist. Wie sollen wir uns dies denken? Descartes sagt doch hier wohl mit anderen Worten, dass sowohl für die Schöpfung als auch für die Erhaltung ein das menschliche Können übersteigendes Kraftquantum nöthig ist, dass die conservatio eine continuirliche creatio ist, dass die causa agens beider Handlungen und die Art der Wirkung dieser causa agens auf das Objekt dieselben sind, also in dieser Beziehung die beiden Begriffe nicht actualiter, sondern nur ratione verschieden sind. Im Grunde ist es wiederum ein Kausalnexus, der durch das lumen naturale erkannt wird. Durch das Erkennen dieses Kausalnexus wird in unserem Denken derselbe Begriff der göttlichen Thätigkeit zu zwei Vorstellungen ausgeprägt, welche die Wirkung derselben Ursache in verschiedener Weise zur Anschauung bringen. Die Ursache ist eine übermenschliche Kraft, d. i. Gott. Gott schafft und erhält die Objektenwelt durch denselben Akt seiner Allmacht, beide Begriffe sind also nur durch das Denken verschieden, in Gott ist es ein Akt, durch den er die Handlungen beide ausführt. — Dieser Spezialfall des Kausalgesetzes, der dabei zur Verwendung kommt, ist, wie das

Kausalprinzip selbst nur intuitiv durch das lumen naturale zu erkennen; es kann für das Zusammenfallen der beiden in actuali sive formali kein Beweis gegeben werden: in Gott sind sie eben nicht verschieden.

Es sei mir hier gestattet, eine psychologische Bemerkung einzuschieben, die mir bei der schwebenden Frage von Interesse zu sein scheint, und welche uns dadurch nahe gelegt wird, dass Descartes behauptet, conservatio und creatio seien nur in u n s e r e m Denken unterschieden. Das lumen naturale wird als Stütze dieser Behauptung angeführt. Wie mag sich Descartes dieses natürliche Licht gedacht haben im Verhältniss zu dem vollkommenen Wissen Gottes? Descartes gibt uns auf diese Frage Antwort: Med. III p. 24 ff. Sed prius quam hoc diligentius examinem, simulque in alias veritates quae inde colligi possunt inquiram; placet hic aliquamdiu in ipsius Dei contemplatione immorari, ejus attributa apud me expendere et immensi, hujus luminis pulchritudinem, quantum caligantis ingenii mei acies ferre poterit intueri, admirari, adorare.

Der Philosoph bezeichnet also Gott selbst mit lumen immensum. Er hat sich doch wohl das lumen naturale als eine Mitgift Gottes vorgestellt, er hat — wie anders sollte er zu dem für unser höchstes geistiges Vermögen ausgeworfenen Worte für die Bezeichnung Gottes kommen — es angesehen, wie ein Zeichen, das der Künstler seinem Werk eingeprägt hat, welches Bild an anderer Stelle von dem Philosophen gebraucht wird rücksichtlich der Ideen Gottes, also für eine idea innata. Aber diese Idee würde nicht vorhanden sein in uns als wahr und bewiesen, oder vielmehr festgegründet, wenn das lumen naturale sie nicht ernuierte. Descartes statuiert also zwischen dem göttlichen und dem menschlichen Erkennen zwar einen grossen Unterschied des Umfanges, aber keine Differenz in dem Verhalten des Geistes zu seinem Objekt. Dies geht hauptsächlich hervor aus Med. IV, pag. 25 : Jamque videre videor aliquamviam per quam ab ista contemplatione veri Dei, in quo nempe sunt omnes thesauri scientiarum et sapientiae absconditi, ad caeterarum rerum cognitionem deveniatur. Das menschliche lumen naturale gibt uns scientias et sapientiam, in Gott, dem lumen immensum sind omnes thesauri scientiarum et sapientiae aufgehäuft.

Med. III, p. 24 : Ex quibus satis-patet illum (sc. Deum) fallacem esse non posse : omnem enim fraudem et deceptionem a defectu aliquo pendere lumine naturali manifestum est. Es ergibt sich nach dieser Stelle aus dem lumen naturale, dass alle Täuschung und jeder Betrug von einem Mangel in meiner Natur herkommen müssen, dass sie nicht als eine Wirkung Gottes von Gott ausgehen können. Gott müsste der vollkommenen, endlosen Güte entbehren, wenn er täuschen könnte. Dieser Satz bedarf nach Descartes nicht einer weiteren Ableitung oder eines Beweises: es widerspricht der Güte Gottes zu täuschen. Von dem allgütigen Gott zu sagen, er könne täuschen, ist eine contradictio in adjecto. Weil er der Allgütige ist, desshalb ist lumine naturali klar. dass er nicht täuschen kann. So wenig bewiesen werden kann, dass das Gold-gelb ist, sondern, wie wir dies nur durch die Anschauung erfahren und die Wahrnehmung erfassen können, so wenig kann bewiesen werden, dass Gott nicht täuschen kann, wir erkennen diese Wahrheit durch intuitive Anschauung.

Med. IV, p. 28: Neqne enim opus est me in utramque partem ferri posse ut sim liber, sed contra, quo magis in unam propendeo, sive quia rationem veri et boni in ea evidenter intelligo, sive quia Deus intima cogitationis meae ita disponit, tanto liberius illam eligo; nec sane divina gratia, nec naturalis cognitio unquam imminuunt libertatem, sed potius augent, et corroborant.

Der Philosoph bringt hier einen Begriff, der unsere Bestimmung des lumen naturale wesentlich unterstützt, nämlich den einer naturalis cognitio. Der Begriff wird hier der divina gratia parallel angewandt. — Die naturalis cognitio ist nichts anderes, als die lumine naturali gewonnene Erkenntniss. Sie ist oder soll vielmehr sein ein Mittel zur Bestimmung des Willens. Je mehr der Wille nach klarer Erkenntniss bestimmt wird, um so freier wird er. Die grösste Freiheit — im cartesianischen Sinn — hat der Wille dann, wenn er durch klare und deutliche Gründe bestimmt ist.

Med. IV, p. 28: Exempli causa, cum examinarem hisce diebus, an aliquid in mundo existeret, atque adverterem ex hoc ipso quod illud examinarem, evidenter sequi me existere, non potui quidem non judicare illud quod tam clare intelligebam verum esse, non quod ab aliqua vi externa fuerim ad id coactus, sed quia ex magna luce in intellectu magna consequata est propensio in voluntate, atque ita tanto magis sponte et libere illud credidi, quanto minus fui ad istud ipsum indifferens.

Wird uns hier nicht ausdrücklich von Descartes erklärt, dass das Mittel, wodurch allein er einen Anfang gewinnen konnte, das lumen naturale ist? Es bleibt desshalb richtig, zu sagen, das erste Erkenntnissobjekt bei Descartes ist das Ich. Aber das cogito sum, dieser cartesianische Fundamentalsatz, hat eine Voraussetzung, zwar keine inhaltliche, aus der er folgte, sondern nur die formale Basis einer Erkenntnisskraft in unserem Geiste, das lumen naturale. Der Satz cogito ergo sum soll wie jede andere Wahrheit des natürlichen Lichtes kein Syllogismus sein, sondern eine intuitive Erkenntniss aus dem lumen naturale. Mit Recht darf hier die Frage aufgeworfen werden, warum dies lumen naturale bei der Behandlung des cartesianischen Systemes vernachlässigt, oder doch gelegentlich mit so ungebührlicher Kürze behandelt wurde. Die Antwort dürfte in Folgendem liegen: es erklärt sich dies daraus, dass Descartes in seinen Hauptwerken den Begriff nicht an den Anfang stellt, nicht erklärt, sondern ihn vielmehr in einer Weise einführt, dass man ihn für eine neue unerklärte Erkenntnissquelle gehalten hat. Gleichwohl scheint mir Descartes in obiger Stelle ganz klar zu sagen, was er sich unter dem lumen naturale gedacht hat: Er nennt es hier magna lux in intellectu, und verweist ausdrücklich auf die erste Meditation, wo er den Grundstein für sein System zu suchen anfing. Diese magna lux ermöglichte dem Philosophen dort überhaupt die erste Wahrheit zu finden.

Med. IV p. 29. Neque enim habeo causam ullam conquerendi quod Deus mihi non majorem vim intelligendi, sive non majus lumen naturale dederit quam dedit, quia est de ratione intellectus finiti ut multa non intelligat, et de ratione intellectus creati ut sit finitus.

Man hat wohl gelegentlich seine Verwunderung darüber ausgesprochen, dass Descartes keine Definition seines lumen naturale gegeben hätte. Daraus, dass Descartes dies nicht gethan hat, dürfen wir ruhig den Schluss ziehen, dass es seiner Ansicht nach nur durch seine Wirkungen zu beschreiben und aufzuweisen, aber nicht im Sinn einer Realdefinition aus etwas höherem determinirbar ist, ebensowenig, wie die durch dasselbe erkannten Wahrheiten; dass er es aber an Nominaldefinitionen nicht hat fehlen lassen durch Synonyma, dürfte diese Stelle zeigen. Was er sich unter dem Ausdruck denkt, zeigt das mit sive damit verbundene vis intelligendi Es ist das Erkenntnissvermögen, das konstitutive Merkmal des Geistes, durch das wir die eingeborenen Ideen, d. h. sowohl einzelne Vorstellungen z. B. Gott, Raum, Ich, als auch die Axiome z. B. das Kausalitätsgesetz, den Satz des Widerspruches u. s. w. erkennen können. Es verdient erwähnt zu werden, dass an dieser Stelle Descartes das lumen naturale nicht als ein Beweismittel für irgend eine intuitiv zu erkennende Wahrheit anführt, sondern dass er es als die einzige Erkenntnissquelle, deren Ergebnisse unmittelbar gewiss sind, hinstellt, mit seiner für uns unbedingten Giltigkeit einer- mit seiner Beschränktheit als einer geschaffenen und eben desshalb beschränkten Geisteskraft andererseits

Med. IV p. 29. Atque si in eam partem quae falsa est me convertam, plane fallor; si vero alteram amplectar, casu quidem iucido in veritatem, sed non ideo culpa carebo, quia lumine naturali manifestum est perceptionem intellectus praecedere semper debere voluntatis determinationem. — Nach dieser Stelle ergibt sich aus dem lumen naturale ein regulatives Prinzip, das sich auf unser Handeln beim Urtheilen bezieht. Es sagt damit Descartes, dass für den, dem klar ist, was Urtheilen heisst, mit Notwendigkeit sich jenes Prinzip als eine eingeborene Idee ergibt. Wie aus dem lumen naturale sich ergibt der Satz $2 \times 2 = 4$, so diese Regel für unser Handeln beim Urtheilen. Es ist also dann der Satz: «Erkenne, dann urtheile», ebenso eine Idee, um in cartesianischen Terminologie zu bleiben, als z B. das Kausalitätsgesetz oder irgend welche andern aus dem lumen naturale erkannte Wahrheiten. Wir sehen, welche Perspektive sich hier eröffnet. Unzählig werden gewiss die Sätze sein, die sich dem: «Erkenne, dann urtheile» an die Seite stellen lassen, und die nicht mehr und nicht weniger angeboren sind, als dieser Satz. Wenn wir von diesem Punkt aus einen Blick auf Locke werfen, können wir sehen, wie nahe sich beide Denker standen in Bezug auf das lumen naturale und rücksichtlich der eingeborenen Ideen.

Med. VI p. 41 f. In hac enim complexione multa continentur quae ad mentem solam pertinent, ut quod percipiam id quod factum est infectum esse non posse, et reliqua omnia quae lumini naturali sunt nota, de quibus hic non est sermo.

Nach dieser Stelle kann man wohl sehen, wie gross die Zahl der durch das lumen naturale erkannten Wahrheiten für Descartes war. Er nennt als solche den Satz des Widerspruches et reliqua omnia. Es boten sich ihm viele solcher Ideen dar. Sonst würde doch wohl der strenge Systematiker sie systematisch behandelt haben. Diese lumine naturali klaren Erkenntnisse wurden hier im Gegensatz verwandt zu doctum esse a natura cf. oben p. 20.

Dies sind die Stellen, welche sich in dem systematischen Hauptwerke Descartes' über das lumen naturale finden. Es dürfte darnach klar sein, was Descartes unter diesem Ausdruck sich gedacht hat. Descartes ist sich immer durchaus im Klaren gewesen, was er mit diesem Begriff wollte, was die Erkenntnisskraft, die er damit bezeichnet, leisten soll. Um dies durchaus zu zeigen, wird es nöthig sein, auch seine anderen Werke heranzuziehen.

Was Descartes Princ. B. I § 10 erörtert, scheint mir sowohl für das lumen naturale, als auch für das ganze System Descartes von grosser Bedeutung zu sein, obgleich es nicht immer gewürdigt wurde. Er sagt daselbst: Et saepe adverti Philosophos in hoc errare, quod ea, quae simplicissima erant ac per se nota, Logicis definitionibus explicare conarentur; ita enim ipsa obscuriora reddebant. Atque ubi dixi hanc propositionem, ego cogito, ergo sum, esse omnium primam et certissimam, quae cuilibet ordine philosophanti occurrat, non ideo negavi, quin ante ipsam scire oporteat, quid sit cogitatio, quid existentia, quid certitudo; item quod fieri non possit, ut id quod cogitet non existat, et talia.

Descartes erklärt also hier selbst, dass seinem so oft citirten Fundamentalsatz etwas vorausgehen müsse. Wenn man aber vorher wissen muss, was cogitatio, existentia, certitudo ist und dass id quod cogitat existit, dann weiss man ja doch unzweifelhaft etwas vor dem cogito sum also vor dem ersten Fundamentalsatz: also ist der Satz nicht mehr die erste Erkenntniss. Descartes will auch durchaus nicht behaupten, dass das cogito ergo sum die erste Wahrheit, sondern nur, dass es die erste gegenständliche Wahrheit sei, auf die das lumen naturale mit Hilfe der durch dasselbe klaren Begriffe und Axiome, oder in cartesianischer Terminologie, der angeborenen Ideen kommt. Der Philosoph muss vor der Erkenntniss seines cogito ergo sum drei Begriffe und ein Axiom nach dem lumen naturale klar und deutlich erkannt haben, die nicht definirt oder bewiesen, sondern nur intuitiv erkannt werden können. Zumal aber der Satz, in welchem diese Begriffe zur realen Erkenntniss verknüpft sind, ist nicht logisch aus ihnen zu demonstriren, sondern wird erst wiederum durch die unmittelbare Intuition des lumen naturale genommen. Hierin besteht eine gewisse Aehnlichkeit zwischen Descartes' lumen naturale und Kant's Synthesis a priori.

Princ. B. I § 18. Est enim lumine naturali notissimum, non modo a nihilo, nihil fieri; nec id quod est perfectius ab eo quod est minus perfectum, ut a causa efficiente et totali produci; sed neque etiam in nobis ideam sive imaginem illius rei esse posse, cujus non alicubi, sive in nobis ipsis, sive extra nos, Archetypus aliquis omnes ejus perfectiones re ipsa continens, existat. Ganz im Sinne des naiven Realismus wurden die Ideen als Bilder von Archetypi gefasst, worauf dann lumine naturali klar sei, dass von der Wirkung der Ideen in uns eine Ursache, die jene Ideen geschaffen hat, in oder ausser uns gefunden werden müsse.

Princ. B I, § 20: Nam certe est lumine naturali notissimum eam rem, quae novit aliquid se perfectius, a se esse non posse: dedisset enim ipsa sibi omnes perfectiones quarum ideam in se habet; nec proinde etiam posse ab ulla esse, qui non habeat in se omnes illas perfectiones, hoc est, qui non sit Deus.

Man kann sich fragen, wie es möglich ist, dass Descartes einem derartigen Satze lumine naturali zustimmen kann. Wir müssen zwei verschiedene Arten von Vollkommenheit unterscheiden: negative und positive. Wenn wir unsere Anlagen, unsere Fertigkeiten und unser Können bis zur Vollkommenheit steigern, dann haben wir den Begriff der negativen Vollkommenheit; und von diesem können wir uns wohl denken, dass wir ihn besitzen, ohne selbst vollkommen zu sein, oder ihn von einem entsprechenden Wesen erhalten zu haben. Der hingegen hier von Descartes verwandte Begriff ist der der positiven Vollkommenheit. Diese beruht in den unendlichen Attributen Gottes, die keiner Steigerung, keiner Vermehrung fähig sind; die nie aus Anlagen sich entwickelt haben, sondern die stets vollkommenes Können waren. So kommt Descartes dazu, dass ihm ein solcher Satz lumine naturali klar sein kann. Es ist im Grunde nichts weiter, als ein Spezialfall folgenden allgemeinen Satzes: Es muss eben so viel formale Realität in der Ursache sein, als da ist objektive in den Ideen. Der Begriff dieser Vollkommenheit kann allerdings nur aus dem vollkommenen Wesen Gottes von diesem Standpunkte aus unserem menschlichen Denken mitgegeben sein. Es ist ersichtlich, wie aus dem lumen naturale sich für Descartes Dinge ergeben konnten, die wir nicht mehr als richtig anerkennen: Dies war aber nur dadurch möglich, dass seiner Zeit entsprechend Descartes eine Anzahl von Vorstellungen für selbstverständlich ansah, die es uns nicht mehr in demselben Sinne sind.

Princ. B. I, § 28: Sed ipsum ut causam efficientem rerum omnium considerantes, videbimus, quidnam ex iis ejus attributis, quorum nos nonnullam notitiam voluit habere, circa illos ejus effectus, qui sensibus nostris apparent, lumen naturale quod nobis indidit, concludendum esse ostendat; memores tamen, ut jam dictum est, huic lumini naturali tam diu tantum esse credendum, quam diu nihil contrarium a Deo ipso revelatur.

Hier wird von Descartes das lumen naturale als dasjenige Vermögen bezeichnet, durch welches aus unserem Wissen von den causis efficientibus, die Gott in die Natur gelegt hat, Erkenntnisse gewonnen werden können; und zwar werden diese Erkenntnisse erworben mit Hilfe des lumen naturale an dem auf sinnlichem Wege erworbenen Erfahrungsinhalt. Zweckursache und Zwecke können wir nicht ergründen: wir kennen den Kausalnexus nicht: es ist uns nur so viel zu wissen gestattet, als Gott uns durch das lumen naturale dazu Macht gegeben hat. Aber das lumen naturale muss schweigen, wenn Gott uns schon anderweitig durch eine Offenbarung sein Wirken verkündet hat, für den Fall, dass Offenbarung und das sich aus dem lumen naturale ergebende nicht übereinstimmen, d. h Descartes ordnet da, wo ein Konflikt zwischen Glauben und Wissen entsteht, das Wissen dem Glauben unter. Ob dies allerdings hier Descartes' innerste Ueberzeugung war, und ob er dies hier nicht that, um dem Index zu entgehen, ist eine berechtigte Frage, die ich mich hier nicht berufen fühle, zu entscheiden.

Princ. B. I, § 30: Atque hinc sequitur lumen naturae (in dieser Stelle ist das lumen naturale als cognoscendi vis im Allgemeinen gefasst und nicht in dem speziellen Sinn der unmittelbaren Intuition, wie auch Princ. I, § 28), sive cognoscendi facultatem a Deo nobis datam, nullum unquam objectum posse attingere, quod non sit verum, quatenus ab ipsa attingitur, hoc est, quatenus clare et distincte percipitur. Merito enim deceptor esset dicendus, si perversam illam ac falsam pro vero sumentem nobis dedisset. Ita tollitur summa illa dubitatio, quae ex eo petebatur, quod nesciremus, an forte talis essemus naturae, ut falleremur etiam in iis, quae nobis evidentissima esse videntur. Quin et aliae omnes dubitandi causae prius recensitae, facile ex hoc principio tollentur. Non enim amplius Mathematicae veritates nobis suspectae esse debent, quia sunt maxime perspicuae. Atque si advertamus, quid in sensibus, quid in vigilia, quidve in somno clarum sit ac distinctum, illudque ab eo, quod confusum est et obscurum, distinguamus; facile quid in qualibet-re pro vero habendum sit agnoscemus.

Nehmen wir zu dieser Stelle Princ. B. I, § 29: Primum attributum Dei quod hic venit in considerationem, est, quod sit summo verax, et dator omnis luminis; adeo ut plane repugnet ut nos fallat. Wir kommen hier zu einem Punkt, der bei den Meditationen schon kurz behandelt ist, hier aber von Descartes viel deutlicher erörtert wird. Von Gott wird gesagt, er hat uns das lumen naturale gegeben, er ist wahrhaftig, also muss das klar und deutlich erkannte wahr sein. Hier liegt der auch oben schon von uns behandelte Zirkel. Wie ist dieser Zirkel aus dem cartesianischen Systeme zu entfernen? Es wäre sonderbar, wenn er von Descartes selbst nicht erkannt worden wäre: ich wage die Hypothese aufzustellen, er hat ihn nicht beseitigen wollen.

Sehen wir zu, was hätte aus Descartes' System fallen müssen, ohne dass der Zirkel blieb. — Mit Hilfe ebendieses lumen naturale ist erst die Existenz Gottes erwiesen, durch welches seine ewigen Eigenschaften erkannt wurden, unter anderen seine Wahrhaftigkeit. Dann stützt die Wahrhaftigkeit Gottes das lumen naturale. Denken wir uns bei dem prinzipiellen cartesianischen Zweifel den eingeführten übermächtigen Dämon weg, und sagen, die Erkenntnisse des lumen naturale sind für uns mit Stringenz giltig, dann bedarf dieses natürliche Licht nicht Gottes Stütze, dann ist aber auch der Zirkelschluss beseitigt, und das System schreitet fehlerlos voran: durch das lumen naturale vermittels des Zweifels zu der Erkenntniss der ersten «formalen» Realität des Ich und der anderen eingeborenen Ideen, von der Erkenntniss dieser zu den äusseren Dingen. Jener berühmte Zirkelschluss konnte nur dadurch in das cartesianische System kommen, dass Descartes das lumen naturale durch einen Teufel discreditiert, um es durch Gott wieder zu seiner autoritativen Macht zu bringen. Hiermit im Zusammenhang steht und erklärt sich der eigenthümliche Umstand, dass die Meditationen zwei verschiedene Beweise für das Dasein Gottes bringen (3. und 5. Med.). Der erste, Descartes eigenthümliche, von K. Fischer als anthropologisch bezeichnete und vom Selbstbewusstsein ausgehende ist wesentlich nöthig, um jene skeptische Hypothese von dem täuschenden Dämon bei Seite zu schieben. Ohne die letztere würde Descartes gleich den rein ontologischen Beweis der fünften Meditation haben antreten können. Dies ging aber nicht an, wenn das lumen naturale discreditiert war.

Princ. B. I, § 44: Quia lumen naturae nobis dictat, nunquam nisi de re cognita esse judicandum conf. oben p. 26.

Princ. B. I, § 76: Et quamvis forte lumen rationis, quam maxime clarum et evidens, aliud quid nobis suggerere videretur, soli tamen auctoritati, divinae potius, quam proprio nostro judicio, fidem esse adhibendam.

Der Gegensatz, in welchem hier das lumen naturale — denn lumen rationis ist dasselbe — erscheint, ist die auctoritas Dei, d h die Autorität der Kirche. Die vernunftgemässe Erkenntniss im Gegensatz zu dem Glauben und zwar im Gegensatz zu dem Glauben an Uebernatürliches, dem lumen naturale ungereimt Scheinendes. Wir haben oben die Frage schon gestreift, ob es dem Philosophen ernst gewesen sei mit der Unterwerfung der philosophen Erkenntniss unter die Offenbarung, wo ein Zwiespalt zwischen beiden entsteht Die Entscheidung ist nicht einfach, wenn wir bedenken, dass wir es zu thun haben mit einem Denker, der im Innersten durchdrungen ist von dem Trieb nach freier Erkenntniss und Wissenschaft, und mit einem in Wahrheit religiösen Menschen. Ob er mit dem Konflikt zwischen Glauben und Vernunft in's Reine mit sich kam, sagt er uns nirgends. Soviel kann uns indessen hier klar werden, dass eine Vereinigung des Glaubens und der Vernunfterkenntniss unmöglich ist, unmöglich ist für den von den Principien ausgehenden Forscher.

Mag immer der Mensch sich halten an seinen Glauben rücksichtlich des Gefühles, im Gebiete des Wissens gibt es nur einen Weg zur Erkenntniss, nämlich den methodisch vorzugehen und das klar und deutlich erkannte für wahr zu halten, mag es einem Dogma widersprechen oder nicht.

Princ III § 1. Inventis jam quibusdam principiis rerum materialium, quae non a praejudiciis sensuum, sed a lumine rationis ita petita sunt, ut de ipsorum veritate dubitare nequeamus, examinandum est, an ex iis solis omnia naturae phaenomena possimus explicare. Descartes gebraucht das lumen rationis im Gegensatz zu den praejudicia sensuum. Es ist also das lumen naturale hingestellt als die Quelle unfehlbarer Erkenntniss gegenüber dem oft täuschenden Werkzeug, das uns Ideen liefert, gegenüber den Sinnen. Descartes erklärt dann weiter, dass er dem Lichte der Vernunft für den methodischen Aufbau seines Systemes Principien entnommen habe, die nicht bezweifelt werden können. Von Grimm wurde in seiner Schrift die grundlegende Stellung im cartesianischen System für die angeborenen Ideen in Anspruch genommen, ich möchte noch einen Schritt weiter gehen und diese Stellung für das was, uns seine angeborenen Ideen liefert, für das lumen naturale vindizieren.

In der Abhandlung über die Methode kommt Descartes einmal mit folgenden Worten auf das lumen naturale zu sprechen: «Und auf diese Weise befreite ich mich allmählich von vielen Irrthümern, die unser natürliches Licht verdunkeln und weniger fähig machen auf die Vernunft zu hören. Nachdem ich aber einige Jahre darauf gewendet hatte, so in dem Buche der Welt zu studieren und bemüht zu sein, mir einige Erfahrung zu erwerben, entschloss ich mich eines Tages in mir selbst zu studieren und alle Kräfte meines Geistes aufzubieten, um die Wege zu wählen, die ich nehmen musste» (Uebers. von K. Fischer, Ende des Abschnitts II).

Dies dürften wohl im Wesentlichen die Stellen sein, wo Descartes diesen Lehrartikel in seinen Hauptwerken erwähnt. Es kann nur aus dem Zusammenhang an den einzelnen Stellen ersehen werden, was Descartes darunter versteht. Wenn wir auch in den Meditationen den Begriff erst in der dritten Meditation namentlich angewandt finden, so glaube ich doch in Obigem gezeigt zu haben, dass der Philosoph sich desselben schon bedient bei dem Auffinden seines Satzes: cogito ergo sum. Wenn wir eine Erklärung im Zusammenhang geben sollen, was das lumen naturale sei nach den obigen Erörterungen, so würden wir sie in Folgendem zusammenfassen: Descartes versteht unter lumen naturale im weiteren Sinn die theoretische Erkenntnisskraft des Menschen überhaupt, im engeren Sinn aber, gegenüber den demonstrativen Ableitungen, das Vermögen unmittelbarer intuitiver Erkenntniss, welches aus dem Ich, dem selbstbewussten, denkenden Ich die Ideen gewinnt, die zu dem Aufbau seines Systemes nöthig sind, welche Ideen, weil mit Hilfe des lumen naturale in dem Ich konstatiert, er eingeboren nennt. Sie sind uns durch Intuition unmittelbar gewiss, wir können diese auf intuitivem Wege gewonnenen Ideen nicht anders verbinden, als wir sie eben verbinden. Es ist dabei mit strenger Gesetzmässigkeit unserem Denken die nothwendige Zustimmung befohlen, respektive verboten. Die Verbindung ist so nothwendig, wie sie ist, und in ihrer Nothwendigkeit klar und deutlich. Desshalb kann Descartes auch die Axiome angeborene Ideen nennen. Wenn nun auch regulative Principien, Maximen unseres Handelns aus dem lumen naturale abgeleitet werden, so darf uns dies nicht wundern; denn sie sind dem Philosophen ebenso klar, und ebenso nothwendig ist die Verbindung der darin enthaltenen Begriffe, als irgend eine spekulative Erkenntniss. Wenn ferner die Objektenwelt durch die sinnliche Empfindung und Wahrnehmung in uns Ideen erzeugt, so unterliegen auch diese, vielleicht kritisch geläuterten Ideen, der strengen Gesetzmässigkeit, sind also auch in gewissem Sinne angeboren. So haben wir, wie ich glaube, das von Grimm aufgeworfene Problem, wie es zugehe, dass Descartes gelegentlich auch z. B. von der Vorstellung «weiss» sage, sie sei eingeboren, gelöst.

Die methodologische Strenge und die scharfe Kritik der die Erkenntnisse nicht nur, sondern auch die Erkenntnisskräfte unterworfen werden, können uns zu der Ueberzeugung führen, dass wir an der Schwelle des Kriticismus stehen. Descartes reisst methodisch den ganzen Bau der bestehenden Metaphysik, der Ontologieen zusammen, um ihn dann ebenso methodisch wiederaufzuführen, nachdem er in dem selbstbewussten Ich in Gestalt des lumen naturale das Mittel gefunden hat zur klaren Bestimmung der Ideen und Axiome; an den Ideen und Axiomen wird dann das Kriterium der Wahrheit konstatiert, in dem «clare et distincte» Von hier aus führt dann der Weg weiter zu der realen Aussenwelt. Er behauptet von der Objektenwelt nicht mehr zu wissen, als er mit Hilfe der Sinne und des lumen naturale wissen kann. Wenn er mancher bestehenden Meinung beipflichtet, die wir jetzt für falsch halten — z. B der, dass soviel formale Realität in der Ursache sein muss, als objektive in der Wirkung (der Idee) — so hat er eben als ein Kind seiner Zeit dieser Zeit seinen Tribut gezahlt Er hält sich aber bei der Anwendung der Principien in den Grenzen der ihm möglich scheinenden Erfahrung bei seinem Erkennen, und dies macht ihn zu einem vorsichtigen Empiristen Wie sehr er Empirist ist, werden wir weiter unten zu sehen haben

Ich habe mit Absicht das Bruchstück, welches von Descartes den Titel bekommen hat: «Recherche de la vérité par les lumières naturelles» einer selbständigen Behandlung aufgespart, weil ich damit manche Aussage und Hypothese in dem oben Ausgeführten stützen zu können glaubte (Lateinisch ist es erschienen unter dem Titel: «Inquisitio veritatis per lumen naturale», veröffentlicht in den Opera posthuma Cartesii Amstelodami 1701.) In der Ausgabe Descartes' von Victor Cousin befindet es sich im Bd. XI pag. 333-376. Nach einer mit Wahrscheinlichkeitsgründen gestützten

Vermuthung von K. Fischer Bd. I pag. 284 über diesen fragmentarischen Dialog, ist er von Descartes vor den Meditationen geschrieben worden. Drei verschiedene Personen, alle drei typische Gestalten, treten in dem Dialog auf. Die Hauptperson heisst Eudoxe, welcher die Debatte zu leiten hat. Das Gespräch reicht bloss bis zu dem Punkt, wo von Eudoxe das «cogito sum» als Resultat der Unterhaltung gewonnen ist. Der Rest fehlt. In lebendiger, methodischer Weise geht das Gespräch vorwärts. Neben Eudoxe, den Descartes seine Ansichten vertreten lässt, steht Polyandre; er ist ein Mann, ausgestattet mit einem gesunden Menschenverstande, ohne jedoch von scholastischem Weisheitskram erfüllt zu sein. Der dritte Unterredner, Epistemon mit Namen, ist der Philosoph der Schule, der vielbelesene, in der Philosophenschule in allen Disciplinen unterrichtete, der sich hoch über den andern dünkt, und mit einer gewissen Verachtung auf den «homme illettré» herabsieht. Von Descartes selbst ist er charakterisiert als einer «qui fait violence à son esprit et le met à la torture pour connaître le genre le plus proche et la différence essentielle», also der alles definierende Schon der Titel dieses Fragmentes konnte für die Bestimmung des lumen naturale in den grösseren Werken einen Wink geben. Obwohl das Werk den von den Meditationen so sehr verschiedenen Titel führt: «Recherche de la vérité par les lumières naturelles», ist es im Grunde dasselbe, was in beiden Schriften behandelt wird, wenigstens soweit der Dialog reicht. Selbst was die Methode angeht, so ist genau der Gang der Meditationen in dem Fragment wiederzufinden. Es kann bei dem Studium der Meditationen mancher fruchtbare Wink durch das Fragment gegeben werden. Die Schulphilosophie Epistemons und der vulgäre Realismus Polyandre's geben Eudoxe zu manchen Auseinandersetzungen Veranlassung, deren Inhalt, wenn auch in den Meditationen vorhanden, doch viel kürzer behandelt ist. Hier wird namentlich von Descartes das lumen naturale an den Anfang seines Systemes gestellt. Hier ist die Erkenntniss des Satzes cogito sum ausdrücklich als aus dem lumen naturale entsprungen hingestellt. In Uebereinstimmung mit den Meditationen, aber ausführlicher erklärt Descartes sich ausdrücklich gegen die Sucht, das zu definieren, was schlechterdings nicht definiert werden kann und betont die intuitive Anschauung, die lumières naturelles. Wenn J. H. von Kirchmann bei der Ausarbeitung der Anmerkungen zu den Meditationen diesen Dialog zu Rathe gezogen hätte, so hätte er wohl kaum behaupten können, dass Descartes plötzlich eine neue Erkenntnissquelle einführe. Ich führe aus dem Dialog die Stellen, die wir für das lumen naturale und dessen Bestimmung im Sinne Descartes von besonderem Interesse zu sein scheinen, nach der Ausgabe von V. Cousin an.

pag. 336. C'est ce qui me fait espérer que le lecteur ne sera pas fâché de trouver ici une voie plus abrégée, et que les vérités que j'avancerai lui agréeront, quoique je ne les emprunte pas à Platon ou à Aristote, mais qu'elles auront par elles-mêmes de la valeur, comme l'argent qui a tout autant de prix qu'il sorte de la bourse d'un paysan ou de la trésorerie. J'ai même fait en sorte de les rendre également utiles à tous les hommes.

pag. 364 f. Je ne peux m'empêcher (sagt Endoxe) de vous arrêter ici non pour vous détourner du chemin, mais pour vous encourager, et vous faire examiner ce que peut faire le bon sens, pourvu qu'il soit bien dirigé. En effet, dans tout ceci y a-t-il rien qui ne soit exact, qui ne soit légitimement conclu, ni bien déduit de ce qui précède? Or, tout cela se dit et se fait sans logique, sans règle, sans formule d'argumentation, avec la seule lumière de la raison et avec un sens droit, qui, agissant seul et par lui-même est moins exposé à l'erreur que quand il cherche avec inquiétude à suivre mille routes diverses, que l'art et la paresse humaine ont trouvées, moins pour le perfectionner que pour le corrompre. Epistémon même paraît ici de notre avis; en effet, en ne disant rien, il donne à entendre qu'il approuve ce que nous avons dit. Continuez donc, Polyandre, et montrez-lui jusqu'où le bon sens peut aller, et en même temps quelles conséquences on peut déduire de notre principe.

pag. 366. Que vous semble Epistémon de ce que vient dire Polyandre? Trouvez-vous dans son raisonnement quelque chose qui cloche, ou qui ne soit pas conséquent? Auriez-vous cru qu'un homme illetré et qui n'avait jamais étudié dût raisonner si bien, et suivre ses idées avec tant de rigueur? Ici, si je ne me trompe, il faut que vous commenciez à voir que celui qui saura se servir convenablement du doute, pourra en déduire des connaissances très certaines, il y a mieux, plus certaines et plus utiles que celles qu'on dérive de ce grand principe que nous établissons ordinairement comme la base ou le centre auquel tous les autres principes se ramènent et aboutissent, il est impossible qu'une seule chose soit et ne soit pas J'aurai peut-être occasion de vous en démontrer l'utilité.

pag. 368. Cette fois je m'en charge avec plaisir, mais à cette condition que vous serez juge de notre différent; car je n'ose pas espérer qu'Epistémon se rende à mes raisons Celui qui, comme lui, est plein d'opinions toutes faites et prévenu de cent préjugés, peut difficilement se livrer à la seule lumière de la nature; il s'est depuis longtemps accoutumé à céder à l'autorité plutôt qu'à prêter l'oreille à la voix de sa propre raison. Il aime mieux interroger les autres, peser ce qu'ont écrit les anciens, que de se consulter lui-même sur le jugement qu'il doit porter; et comme dès son enfance il a pris pour la raison ce qui n'était appuyé que sur l'autorité des préceptes, maintenant il donne son autorité pour une raison, et il veut se faire payer par les autres le tribut, qu'autrefois il a payé aux autres. Mais j'aurais lieu d'être content, et je croirai avoir suffisamment répondu aux objections que vous a proposées Epistémon, si vous donnez votre assentiment à ce que e dirai, et si votre raison vous en convainc.

pag. 369. Mais revenons à notre sujet Je suis bien de votre avis, Epistémon, qu'il faut savoir ce que c'est que le doute, ce que c'est que la pensée, avant d'être pleinement convaincu de la vérité de ce raisonnement. Je doute, donc je suis; ou ce qui revient au même, je pense, donc je suis. Mais n'allez pas vous imaginer qu'il faille, pour le savoir, faire violence à notre esprit, et le mettre à la torture pour connaître le genre le plus proche, et la différence essentielle, et en composer une définition en règle Il faut laisser tout cela à celui qui veut faire le professeur ou disputer dans les écoles. Mais quiconque veut examiner les choses par lui-même, et en juger selon qu'il les conçoit, ne peut être assez privé d'esprit pour ne pas voir clairement, toutes les fois qu'il voudra y faire attention, ce que c'est que le doute, la pensée, l'existence, et pour avoir besoin d'en apprendre les distinctions. En outre, il est des choses que nous rendons plus obscures, en voulant les définir, parce que, comme elles sont très simples et très claires, nous ne pouvons pas les savoir et les comprendre mieux que par elles-mêmes. Il y a plus, il faut mettre au nombre des principales erreurs qui peuvent être commises dans les sciences, l'opinion de ceux qui veulent définir ce qu'on ne peut que concevoir, et distinguer ce qui est clair d'avec ce qui est obscur, et qui en même temps ne peuvent discerner ce qui pour être connu exige et mérite d'être défini de ce qui peut être parfaitement connu par soi-même. Or, au nombre des choses qui sont en elles-mêmes aussi claires et peuvent être connues par elles-mêmes, il faut mettre le doute, la pensée, l'existence.

pag. 370. J'ajoute même qu'il ne peut se faire qu'on apprenne ces choses autrement que de soi-même, et qu'on en soit persuadé autrement que par sa propre expérience, et par cette conscience et ce témoignage intérieur que chacun trouve en lui-même quand il examine les choses.

pag. 375. Cela n'est pas si difficile que vous le pensez; car toutes les vérités se suivent l'une l'autre, et sont unies par un lien commun; tout le secret consiste seulement à commencer par les premières et les plus simples etc.

ibid. Dans ce dessein, selon moi, il faut que nous laissions parler Polyandre; comme il ne suit en effet d'autre marche que le sens commun, et que sa raison n'est corrompue par aucun préjugé, il est difficile qu'il soit trompé, ou au moins il s'en apercevroit facilement, et reviendrait sans peine dans le droit chemin.

In diesem Fragment nennt Descartes (p. 365) selbst das, was er an anderer Stelle lumen naturale genannt hat oder auch lumen rationis, sens droit, bon sens. Wir dürfen in Descartes hier nicht einen Begriff der Aufklärungsperiode hinein interpretieren, der erst später in dem Sinn geprägt wurde, in dem wir ihn heute verwenden. ich meine den Begriff des «gesunden Menschenverstandes». Es handelt sich hier für Descartes um eine voraussetzungslose Erkenntniss durch das natürliche Licht, für ein Denken, das bloss des Ich mit seinen Denkformen bedarf, um mit Hilfe des lumen naturale aus der Tiefe dieses Ich Erkenntnisse von absoluter Giltigkeit zu Tage zu fördern. Es bedarf gar keiner Kenntnisse positiver Natur, um vorwärts zu kommen. Denn wozu sollte anders Descartes in seinem Polyandre eine Gestalt sich gewählt haben, die er oft übertrieben naiv dargestellt und als einen Menschen gekennzeichnet hat, der den Wissenschaften durchaus fremd geblieben ist. Descartes stellt hier das natürliche Licht als ein Vermögen des menschlichen Geistes dar, durch welches wir erkennen können d. h. Begriffe als solche auffassen (z. B. douter, exister, penser) und diese zu Sätzen mit einander verbinden, nicht willkürlich, sondern nach dem dem lumen naturale anhaftenden Zwang Von dieser Art der Erkenntnisse gilt dasselbe, was für die Auffassung der Begriffe gilt: sie lässt sich nicht definieren. Man mag sich einmal bemühen, diese Erkenntniss zu gewinnen, dann wird man wissen, was sie ist. Man mag sich den Satz: je pense donc je suis, klar und deutlich mit der dem natürlichen Licht anhaftenden Nothwendigkeit denken, dann wird man auf der einen Seite wissen, was das lumen naturale im Sinne Descartes ist, andererseits wird man die autoritative Geltung dieser Erkenntnissquelle nicht in Zweifel ziehen können. Wenn Descartes in diesem Dialog — mag er früher oder später entstanden sein, als die Meditationen — alle Erkenntniss aus dem lumen naturale ableitet, warum und wie soll er in den Meditationen den Aufbau seines Systemes auf etwas anderes gegründet haben? Es tritt, soweit die Schrift erhalten ist, uns Descartes durchaus fertig mit seiner Philosophie entgegen. Den Dämon führt er nicht ein Es wäre interessant — und in diesem Sinn ist der Verlust der Schrift recht lebhaft zu beklagen — ob hier auch Descartes das lumen naturale durch die Wahrhaftigkeit Gottes stützen musste. Jedenfalls wird die Vermuthung nahe gelegt, dass Descartes durch die Verquickung der Theologie mit seiner durchaus ab ovo anhebenden Philosophie der Kirche seiner Zeit einen Tribut zahlte Man reisst ein gut Stück des cartesianischen Systems zusammen, wenn man die ganzen Gottesbeweise wegnimmt, aber ob hier in einem denselben Gegenstand behandelnden und vielleicht nicht für die Oeffentlichkeit bestimmten Werk die cartesianische Theologie so eng in die Philosophie hineingeflochten war, wie in den Meditationen und in den Principien, dies ist eine sehr berechtigte Frage. Jedenfalls operiert der Philosoph hier nur mit dem lumen naturale. Dass es dem Aufbau des Systems in dieser Schrift nicht an methodischer Schärfe gebrach, das beweist das vorhandene Fragment. Descartes verspricht uns in dem Dialog zu verschiedenen Malen nicht nur zusammenzureissen, sondern auch wieder aufzubauen. Dies letztere thut er von dem Ich aus mit Hilfe des lumen naturale, als dem alleinigen Urquell unseres Wissens. Der Philosoph verspricht es und hat es jedenfalls auch gehalten, ja er nennt uns den Grund, auf dem fussend er es halten kann. Es besteht unter den einzelnen Begriffen und lumine naturali erkannten Wahrheiten ein fester Zusammenhang, eine gesetzmässig nothwendige Verbindung, nach der eins aus dem andern sich ergeben muss. Diese Gesetzmässigkeit ist gegründet und beruht in der Konstitution unseres Geistes, unseres Erkenntnissvermögens. Was wir darnach erkennen, muss wahr sein, nicht weil Gott nicht täuschen kann, sondern weil wir es eben als nothwendig, weil klar und deutlich, erkannt haben.

Dadurch ist Descartes der grosse Lehrer und mittelbare Begründer der folgenden grossen Systeme geworden, dass er die Philosophie befreite aus den Vorurtheilen, aus der Scholastik und den Denker verwiesen hat auf sein eigenes Ich, auf den richtigen Gebrauch seines Erkenntnissvermögens, dass er durch eine methodische Forschung dem Wortgeklingel in der Philosophie ein Ende machte. Darin beruht seine wissenschaftliche Revolutionsthat, dass er die freie, selbständige Forschung durch sein Beispiel lehrte, dass er dem denkenden Menschen sagt: wage dich zu befreien von blindem Autoritätsglauben, wage einmal alles unsichere Wissen, welches vielleicht nur Scheinerkenntniss ist, hinzugeben, um es dir selbst durch dein Denken als dein wirkliches Eigenthum zurückzuerobern, wage einmal zu zweifeln und du wirst wissen. Gross ist dieser Denker, wenn er zweifelnd niederreisst, grösser noch, wo er erkennend wiederaufbaut. Nur dadurch und nicht durch das Aufstellen irgend welcher naturwissenschaftlicher Hypothesen oder durch das Errichten eines metaphysischen Lehrgebäudes ist ihm mit Recht der ehrende Beiname eines Begründers der modernen Philosophie geworden: er ist es geworden durch die Klarheit seiner Methode einerseits, durch den Hinweis auf die Mittel in uns zu einem unumstösslichen, überzeugungsvollen Erkennen andererseits. Aus seinen Werken weht uns entgegen der Athem der freien, wissenschaftlichen, modernen Forschung, die festen Schrittes, ober ohne dass vorher das Ziel durch irgend welche Autorität, mag diese Autorität nun Kirche oder klassisches Alterthum heissen, bestimmt ist, auf ihr Ziel losgeht.

## Capitel. III.

## Locke nicht Descartes' Gegner.

Descartes redet in seinem System vielfach von «ideae innatae». Locke versieht das erste Buch seines Werkes «essay concerning human understanding» mit der Ueberschrift «No innate principles». Also stehen beide in kontradiktorischem Gegensatz zu einander in Bezug auf diesen für die Philosophie beider bedeutenden Punkt — so ist man sehr leicht geneigt zu schliessen. So wird denn auch vielfach in der Geschichte der Philosophie behauptet, Locke habe in seinem ersten Buch das Eingeborensein der Ideen bekämpft und sei damit der Gegner Descartes' geworden, der erste bedeutende Gegner aus dem Lager der Empiristen. Nichts scheint auch auf den ersten Blick einleuchtender zu sein. Eine genauere Untersuchung wird ergeben, dass die Ansicht eine irrthümliche ist, eine Ansicht, die sich nur hat bilden können durch die schillernde Bedeutung des Wortes innatus, eine Ansicht, die so wenig aus dem Geiste der beiden Philosophen herausbewiesen werden kann, dass eine genauere Untersuchung vielmehr das Gegentheil ergibt.

Ich werde den Gegenstand dieser Erörterungen in folgenden Abschnitten behandeln:

I. Negativer Beweis: Locke's ganze Argumentation trifft Descartes durchaus nicht, insofern Locke Beweismittel seiner Gegner, als ausdrücklich diesen angehörend, widerlegt, die von Descartes nicht verwandt wurden.

II. Positiver Beweis: Nachweis, wen Locke unter seinen Gegnern meint.

### I. Negativer Beweis.

Locke beginnt seine Widerlegung der Lehre von den eingeborenen Ideen mit folgenden Worten: It is an established opinion among some men, that there are in the understanding certain innate principles; some primary notions κοιναὶ ἔννοιαι, characters, as it were, stamped, upon the mind of man, which the soul receives in its very first being, and brings into the world with it. It would be sufficient to convince unprejudice readers of the falseness of this supposition, if I should only show how men, barely by the use of their natural faculties may attain to all the knowledge they have, without the help of any innate impressions, and may arrive at certainty without any such original notions or principles. Bd. 1 Cap. II § 1.

Seine Gegner nennt er hier «some men»; die Behauptung, die sie aufstellen ist die, dass der menschliche Geist fertige Grundsätze und Grundbegriffe mit in sein Sein brächte. Dass Descartes dies nicht lehrt, geht aus Cap. II dieser Arbeit hervor. Descartes hat vielmehr nur ein Erkenntnissvermögen konstatiert, nämlich das lumen naturale, welches die eingeborenen Ideen uns als klar und deutlich, und desshalb als wahr erscheinen lässt; einen höheren Gerichtshof für die Erkenntniss der Wahrheit, als dies lumen naturale, gibt es nicht nach Descartes. Nirgends redet er aber von fertigen Grundsätzen, die die Seele mit in ihr Sein brächte, und die der Mensch gedankenlos nur gleichsam von dem Baum der Erkenntniss zu pflücken brauchte. Welches sind nun die Argumente, mit denen nach Locke seine Gegner ihren Beweis führen?

Der Hauptgrund ist die allgemeine Zustimmung zu diesen Grundsätzen. Bd I Cap. II § 2. There is nothing more commonly taken for granted, than that there are certain principles, both speculative and practical (for they speak of both), universally agreed upon by all mankind, which therefore, they argue, must needs be constant impressions which the souls of man receive in their first beings, and which they bring into the world with them, as necessarily and really as they do any of their inherent faculties.

Es wird also aus dem Grund, dass ihnen alle Menschen zustimmen, geschlossen, dass sie bleidende Eindrücke sind, der Seele von ihrem Anbeginn an eingeprägt. — Nirgends wird ein derartiges Argument von Descartes verwandt. — Welche Sätze sind es nun, die so allgemeiner Zustimmung sich erfreuen können, dass Locke's Gegner sie in jenem Sinne für eingeboren erklären? Es sind allgemeine Sätze, wie zum Beispiel die der Dieselbigkeit und des Widerspruches. «those magnified principles of demonstration, Whatever is, is, und, It is impossible for the same thing to be and not to be, Sätze, die Descartes so wenig verwendet, als solche die angeboren seien wegen der allgemeinen Zustimmung, dass er sie nicht einmal als eingeborene Ideen in seinem Sinne gebraucht, um sein Lehrgebäude zu errichten. Es wird nun von Locke der Beweis geführt, dass die allgemeine Zustimmung nicht das Eingeborensein beweist, und dass überhaupt diese allgemeine Zustimmung nicht einmal vorhanden ist. Wann stimmt nun der Mensch diesen allgemeinen Grundsätzen bei? Etwa sofort, wenn er zu dem Gebrauch seiner Vernunft kommt? Dem widerspricht, dass Kinder lange von ihrer Vernunft Anwendung zeigen, bevor sie eine Ahnung von diesen Sätzen haben, und Wilde und Ungebildete leben selbst viele Jahre ihres vernünftigen Alters, ohne je an diese und ähnliche Sätze zu denken. Die Menschen kommen allerdings nicht eher zu der Kenntniss dieser Sätze, als sie zu dem Gebrauch ihrer Vernunft gekommen sind, aber auch dann nicht immer. Im Uebrigen werden diese Sätze auf demselben Weg als Wahrheiten entdeckt und dem Verstande zugeführt, wie alle andern Wahrheiten, von denen es doch keinem Menschen einfällt, sie für eingeboren zu halten. Desshalb unterscheiden sie sich nicht von andern Wahrheiten, wenn weiter nichts gesagt werden kann, als dass sie nach Anwendung unserer Vernunft von unserem Verstande einmal entdeckt und als wahr erkannt werden müssen. Kann dies Beweisverfahren Locke's gegen Descartes gerichtet sein? Im Gegentheil: Locke redet vollständig aus dem Sinne Descartes'. Wir haben in Cap. II gesehen, was alles für Descartes eingeborene Ideen sind, dass er sie gar nicht alle aufzählen kann, dass alles intuitiv Erkannte nach ihm eine eingeborene Idee ist. — Als ein weiteres Argument der Gegner dafür, dass die ewigen Wahrheiten eingeboren seien, wird von Locke angefürt der Umstand, dass ihnen sofort zugestimmt werde, und dass, wenn man ihnen einmal zugestimmt hat, man nie wieder daran zweifelt. Wenn man nur den Versuch macht das von Locke als gegnerisch bezeichnete Argument auf Descartes anzuwenden, so springt sofort in die Augen, dass es ganz unmöglich ist, dass Locke hier gegen Descartes kämpft. Folgen wir Locke weiter: er sagt, dass wenn eine solche sofortige Zustimmung das Eingeborensein der Grundsätze beweisen könne, dass dann die Menge der eingeborenen Grundsätze zahllos sei. Denn man stimmt doch irgend welchen Sätzen über Zahlenverhältnisse oder z. B. dem Satze, dass ein Kreis kein Viereck sei, ebenso schnell bei, als jenen Grundsätzen. Sieht es nicht beinahe so aus, als ob hier Locke an Descartes' Hand vorgegangen wäre? Nach Descartes sind die ideae innatae ungezählt und man darf wohl sagen unzählig. Ich trage darüber keinen Augenblick Bedenken, dass, wenn man Descartes gefragt hätte, ob der Satz, «dass ein Dreieck kein Viereck sei» eine «angeborene Idee» wäre, er mit «ja» geantwortet haben würde. — Nachdem Locke die beiden Hauptargumente der Gegner, nämlich das der allgemeinen und das der sofortigen Zustimmung behandelt und zurückgewiesen hat, bringt er als weiteres Beweismittel der Vertheidiger der eingeborenen Grundsätze: es sei ein unentwickeltes Wissen, (implicit knowledge B. I, Cap. II, § 22, was der Verstand von den Grundsätzen habe. Etwas derartiges ist bei Descartes schlechterdings nicht zu finden. Im Gegentheil würde Descartes wohl hier mit Locke gefragt haben, was denn ein implicit knowledge bedeute, er würde Locke zugestimmt haben, dass es nur bedeuten könne, dass unser Verstand diese Wahrheiten erfassen könne, oder dass es sonst überhaupt keinen Sinn habe. — Dass man, bevor man einem Satz' zustimme, die Worte und ihre Beziehungen kennen müsse, dass ein Kind, wenn man ihm Worte sagt, die Vorstellungen bezeichnen, welche es nicht kennt, dem durch jene Worte ausgedrückten Satz weder zustimmen, noch nicht zustimmen wird, dass Worte, die nicht Zeichen für bekannte Vorstellungen sind, nur leere Töne sind, sagt Locke vollständig aus dem Sinne Descartes'. Descartes sagt ja selbst, dass, bevor man seinen Satz cogito ergo sum zustimmen kann, man wissen müsse, was das sei cogitare, was esse. Auf die 'eingeborenen praktischen Grundsätze hier einzugehen, können wir uns erlassen, da wir im zweiten Abschnitt dieses Kapitels Gelegenheit haben werden, darauf zu kommen, und daran auch wohl weniger gedacht worden ist, wenn man sagte, es streite in diesem Abschnitt Locke gegen Descartes. Dies wohl ist aber aus der kurzen Darstellung des locke'schen Beweisverfahrens klar geworden, dass Locke auch nicht rücksichtlich der theoretischen eingeborenen Ideen gegen Descartes polemisiert. Denn einerseits führt Locke Beweisgründe der Gegner an, die bei Descartes gar nicht zu finden sind und nicht gebraucht werden können, andererseits kommt er sogar mit diesem im Gegenbeweis überein. In einem Punkt allerdings sind beide verschieden, (wenn sich auch hier Locke an manchen Stellen Descartes nähert cf. IV 7, § 4) nämlich in Bezug auf den Gottesbegriff. Ich behandle diesen Punkt hier nicht, weil er an anderen Stellen zur Besprechung gekommen ist und kommen wird. Wenn nun so klar sein dürfte, dass Locke in seinem ersten Buch nicht gegen Descartes vorgegangen ist, so erhebt sich für uns die Frage : «Gegen wen?»

Damit sind wir gekommen zu dem

## II. Positiven Beweis,

der es zu thun hat mit der Frage : «Wer sind nun die Gegner von Locke?» Als einen, der behauptet hat, dass es praktische eingeborene Grundsätze — in dem Sinn, wie Locke eben das Eingeborensein bestreitet — gäbe, nennt er Herbert von Cherbury, einen älteren Zeitgenossen des Hobbes. Ausdrücklich und namentlich geht Locke gegen diesen Herbert von Cherbury vor (I. 3, 15). Lord Herbert hatte in seinem Werk : «de veritate» (Ausg. von 1656) 6 Kennzeichen der von ihm als eingeboren angenommenen Erkenntnisse (notitiae communes) angenommen : In dem Kapitel : De instinctu naturali p. 76, nennt er als diese sechs Kennzeichen : 1) Prioritas, 2) Independentia, 3) Universalitas, 4) Certitudo, 5) Necessitas i. e. faciunt ad hominis conservationem, 6) Modus conformationis i. e. Assensus nulla interposita mora Hier haben wir eins der von Locke zurückgewiesenen Argumente der Gegner : nämlich die sofortige Zustimmung zu den ewigen Wahrheiten.

Am Ende seines Werkes «de Religione Laici» sagt Herbert: Adeo ut non unius cujus vis religionis confinio arctentur quae ubique vigent veritates. Sunt enim in ipsa mente coelitus descriptae, nullisque traditionibus, sive scriptis, sive non scriptis, obnoxiae.

pag. 3. Veritates nostrae Catholicae, quae tanquam indubia Dei effata in foro interiori descripta.

Es werden dann von dem Philosophen folgende praktatische Grundsätze als eingeborene aufgestellt :

1) Esse aliquod supremum numen.
2) Numen illud coli debere.
3) Virtutem cum pietate conjunctam optimam esse rationem cultus divini.

4) Resipiscendum esse a peccatis.
5) Dari praemium vel paenam post hanc vitam transactam.

Die Behauptungen Herbert's werden von Locke dann im Weiteren dadurch widerlegt, dass nachgewiesen wird, dass die oben angeführten Kennzeichen gar nicht sich als zutreffend erweisen, wenn wir sie auf die praktischen Grundsätze anwenden wollen. — Herbert von Cherbury war übrigens nicht der einzige Gegner, mit dem es Locke zu thun hatte mit Rücksicht auf die praktischen Ideen; es sind hier noch andere anzuziehen, und zwar dieselben, die bald auch rücksichtlich der theoretischen Ideen zu nennen sein werden.

Wenn nun Locke bei der Behandlung der moralischen eingeborenen Wahrheiten einen seiner Gegner, nämlich Herbert nennt, und uns damit einen Fingerzeig gibt, so müssen wir uns fragen: wen meint er in Bezug auf die theoretischen Wahrheiten? Er nennt keinen Namen, sondern sagt immer ganz allgemein «Manche» oder «meine Gegner» oder «die Vertheidiger der eingeborenen Grundsätze». Sollte er vielleicht nur einen apagogischen Beweis geführt haben, indem er sich frug, welche Beweismittel wohl von den Gegnern angewandt werden können, um das Eingeborensein zu beweisen? Es wäre in diesem Falle dann seine weitere Aufgabe gewesen, diese Argumente, die von ihm selbst gefundenen und geordneten, zu entkräften und damit die Behauptung zurückzuweisen Zu dieser Annahme stimmen die Umstände, dass er nirgends einen Gegner namhaft macht, auch nicht einmal eine Andeutung macht, in welchem Zusammenhang und zu welch' weiterem Zwecke jene allgemeinen theoretischen Sätze angewandt werden. Er nennt sie nur «those magnified principles of demonstration». Viel gewichtigere Gründe aber sprechen gegen jene Annahme: Locke behauptet ausdrücklich, es werde von theoretischen und praktischen Grundsätzen gesprochen (for they speak of both I, 2, 2), ferner stellt Locke die angeführten Argumente ausdrücklich als von seinen Gegnern vorgebracht hin. Wenn er I, 2, 1 diese Principien mit folgenden von gegnerischer Seite dafür ausgeworfenen Namen nennt: primary notions, κοιναι ἐννοιαι, so verweist uns dieser Umstand auf die platonisirenden Theologen und Religionsphilosophen: Ralph Cudworth, Henry More, Samuel Parker und Theophilus Gale.

Und in der That, ein Studium dieser Männer dürfte es kaum mehr als zweifelhaft erscheinen lassen, dass Locke sie unter seinen Gegnern meint. Denn, wenn wir bei diesen nicht nur die Behauptung finden, die Locke als die gegnerischen widerlegt, sondern, wenn auch die Gründe für diese Behauptungen dieselben sind, die Locke zurückweist, so ist der Schluss doch wohl berechtigt, dass Locke nicht gegen Descartes und seine Anhänger — auf die, wie gezeigt, Locke's Argumentation gar nicht anwendbar ist — sondern dass er eben gegen diese platonisirenden Philosophen kämpft. Ich habe diese Behauptungen zu beweisen — ich thue dies an der Hand von

Cudworth und More, — da mir die Werke der beiden Andern nicht zugänglich waren.

Ich citiere Cudworth nach der Ausg 1733 (Radulphi Cudworthi systema intellectuale 2 B. [1]).

pag 738: Primum Atheorum argumentum: Nullam Dei notionem animo informari posse. Notio vero Dei supra jam explicata est, ostensumque, Deum esse naturam intelligentem, per se ex omni aeternitate existentem rerumque omnium caussam. So definiert Cudworth den Begriff Gottes, welcher Definition Locke auf's ausdrücklichste entgegentritt, indem er uns die Genesis des Begriffes an der Hand der Erfahrung aufzeigt.

pag 738: Controversio caret omni, esse in animis nostris multarum rerum species, exempla et notiones, quae in sensus nostros nulla ratione incurrunt. Athei suas ipsi cogitationes non satis attendunt. Fictum hoc: Nihil est in intellectu, quod non antea fuerit in sensu, et falsum est et ad Atheismum ducit. Quum in hominum mentibus notio insit naturae intelligentis et perfectissimae, quae res omnes effecerit ac condiderit cui supplicandum esse decernunt: Athei tamen nullum sibi esse ejus modi notionem affirmant, idque non alia de caussa, quam quod eam sensibus comprehendere non valent.

Der Satz der Atheisten ist falsch, dass jede Vorstellung, die wir haben, in den Sinnen gewesen sein müsse: Denn wir haben ausser der Idee Gottes noch viele andere Ideen, die wir als wahr anerkennen, und die nicht in den Sinnen waren, die nicht auf sinnlichem Wege gewonnen sind (d. h. nicht durch sensation oder reflexion); die Atheisten erkennen diese Erkenntnisse ebenfalls für wahr an: sie schenken ihren Vorstellungen und Sätzen nicht genug Aufmerksamkeit. Ganz die Locke entgegengesetzte Behauptung.

pag 742: Gravissimus Atheorum hac in caussa error hic est, quod sibi persuadent, plerosque omnes existimare, Deum nihil esse, quam terriculum naturamque formidabilem, non vero amabilem. At e contrario omnes ubique terrarum homines consentiunt, bonitatem et clementiam in divinis esse virtutibus et perfectionibus. Antiquum illud proverbium: Ὀθνεῖον τὸ ἐπιμένον, si malo accipiatur sensu, nullorum fuit, nisi paucorum hominum male animo affectorum, qui divinam naturam ex suo aestimarunt ingenio. — Hier haben wir das von Locke zurückgewiesene Argument für das Eingeborensein der theoretischen und praktischen Grundsätze in Gestalt des consensus gentium. Wenn Locke nachweisen will, dass wir die «ewigen Wahrheiten» erst spät auf dem Erfahrungswege gewinnen, und dass sie nicht von Anbeginn in unsere Seele eingeschrieben sind, so finden wir hier genau die gegentheilige Behauptung.

p. 749: Ergo humana scientia non est imago quaedam a corporibus ad animos nostros delata. Sed quum intelligibile aliquid intelligentiam necessario

---

[1] Die erste Ausgabe dieses Werks erschien englisch: London 1678.

debeat antecedere, ideo natura quaedam sit perfectissima necesse est, in qua omnis resideat scientia et cognitio. Ex hoc perfectissima mente reliqui omnes animi minus absoluti participant. Ibid.: Hoc ex eo quoque confirmatur, quod dubio caret, esse veritates aeternas, ipsa materia et mundo priores. Also vor aller Materie und der Welt war eine Intelligenz, eben diese Intelligenz versieht den menschlichen Geist mit den ewigen Wahrheiten, wodurch eben jene allgemeine Zustimmung bewirkt wird — was eben Locke gerade in dieser Fassung bestreitet

Wie sich dies Cudworth vorstellte, kann man vielleicht deutlicher aus folgenden beiden Stellen ersehen:

pag. 749: Igitur non nisi una potest esse mens absoluta, ex qua reliqui omnes animi sunt hausti. Hinc fit, quod pares sunt et eaedem diversorum hominum notiones, et veritates ubique eaedem. Alter homo non posset erudire alterum, nisi esset eadem in utroque notio; neque homines inter se possent colloqui, nisi omnes ex una mente decerptum haberent aliquid.

Cap. CXV pag. 910: Haec quae disputavimus adhuc, id etiam a nobis poscunt, ut non nisi unam esse mentem, omnis rationis fontem, unam tantum naturam intelligentem, quae per se ac necessario existit, credamus: omnes vero reliquas mentes ex hac una quidquid habent virtutis et consilii decerptum et delibatum habere, atque uno veluti eodemque sigillo omnes munitos et signatas esse. Et hinc quidem evenit, quod omnes animi, infinitis licet locorum, temporumque intervallis separati sint, pares tamen planeque simillimas rerum notiones, easdem que omnino veritates continent.

Die Uebereinstimmung aller Menschen zu allen Zeiten und zu allen Orten rücksichtlich der ewigen Wahrheiten, gegen die Locke so sehr polemisiert (und zwar sowohl der theoretischen als auch der praktischen, virtutis et consilii — for they speak of both·, wird uns der gemeinsamen Quelle erklärt. Man sieht deutlich, mit wem es Locke zu thun hatte. Wenn wir uns fragen, wo denn die Quelle ist, aus der die Gegner Locke's geschöpft haben, so lautet die Antwort: Platon resp. Neuplatonismus.

Cudworth citiert häufiger den Platoniker Georgios Gemistos Plethon, mit dem er vielfach verbotenus übereinstimmt. Es würde Stoff zu einer schönen Arbeit für sich sein, an der Hand Locke's nachzuweisen, welche einzelnen Argumente bei den einzelnen der Gegner sich finden, und die Frage zu verfolgen durch die Geschichte der Philosophie hindurch bis hinauf zu Platon.

Wie gross die Uebereinstimmung von Cudworth z. B. mit Plethon ist, können folgende beide Stellen aus Plethon zeigen, die Cudworth citiert:

εἰ μὴ ταυτὸν ἦν τὸ νόημα τοῦ δεδάσκοντος καὶ τοῦ μανθάνοντος...
εἰ μήτις ἦν εἰς Νοῦς οὗ πάντες ἐκοινωνοῦμεν...

Ich komme zu einigen Belegstellen aus Henry More. (Ich citiere nach der Ausg. von 1679, 2 B.)

Antidotus adversus Atheismum L. I. Cap VII (Ueberschrift):

Mens humana cum innata veritate satis sit instructa, nos cum confidentia debere naturalibus illius liberisque Dictatis et Monitis attendere. Hier haben wir fast den Wortlaut der Behauptung, wie sie Locke formuliert, um sie zurückzuweisen: dass nämlich die Seele ausgerüstet (instructa) sei mit fertiger eingeborener Wahrheit (innata veritate). Das «Dictatis» weist uns hin auf die theoretischen Principien, das «Monitis» auf die praktischen.

L. I. Cap. VII, 2: Animam quibusdam Motionibus ac Veritatibus naturaliter et inevitabiliter assentire, sive actualem ex se cognitionem habeat, sive non.

Cap. III, 4: Manet igitur firmum atque indubium, quod inseparabilis sit Idea Entis absolute perfecti semper residens, quamquam non semper in actum se exerens, in Anima humana.

In der ersten dieser Stellen finden wir einen neuen von Locke zurückgewiesenen Beweis für das Vorhandensein ewiger Wahrheiten, nämlich den der unbedenklichen ja unvermeidlichen Zustimmung.

An Stellen aber, wie diese beiden sind, hat Locke unzweifelhaft gedacht bei dem Niederschreiben von I, 2, 22, wo er von dem «unentwickelten Wissen» redet. Was sollen bei More die Worte «sive actualem ex se cognitionem anima habeat sive non»? Was ist die aktuale Erkenntniss, die der Geist aus sich über diese Wahrheiten hat? Lassen wir uns von Locke die Stellen interpretieren:

I, 2, 22: If it be said «the understanding hath an implicit knowledge of these principles, but not an explicit, before this first hearing» (as they must who will say that they are in the understanding before they are known) it will be hard to conceive what is meant by a principle imprinted on the understanding implicitly; unless it be this, that the mind is capable of understanding and assenting firmly to such propositions. And thus all mathematical demonstrations, as well as first principles, must be received as native impressions on the mind. Es dürfte sich schwerlich eine bessere Antwort, als Locke sie gibt auf die Frage, die man sich bei jenen beiden Stellen von More unwillkürlich stellt, finden lassen. More behauptet dann, nachdem er seine Ansicht über die veritates aeternae ausgesprochen hat: hujusmodi esse Definitionem Entis absolute perfecti.

L. I. Cap. III, 3: Quod si obstinate negare vult hanc propriam notionem esse Dei, suae, per me licet, indulgeat morositati. Manet tamen interim indubium, quod sit in homine Idea Entis absolute summeque perfecti, quam formamus attribuendo illi omnem perfectionem quae concipi potest sine ullius Imperfectionis aut Contradictionis implicatione. Estque haec Notio naturalis et essentialis Animae humanae, et quae inde nec elui potest, nec ulla vi technave ingenii humani qualicunque quoquam ablegari, quamdiu Mens sui compos sit, nec ordinario suarum facultatum usu exciderit.

Wenn More behauptet: haec Notio Animae humanae naturalis est et essentialis, so kann man als Gegenbehauptung Locke's anführen: Es gibt keine Urbegriffe, die der Seele gleichsam eingeprägt sind, gleich am Anfang ihres Seins und die sie mit auf die Welt bringt (I, 2, 1). Kontradiktorisch steht Behauptung gegen Behauptung.

L. I. Cap. VII, 2: Caeterum si hoc videatur, quamvis non sit nimis subtile pro quo contendo; Animam nempe Actualem in se habere cognitionem, eo sensu quo explicavi; hoc tamen saltem apud omnes in confesso erit, Quod talis sit Animae natura, ut certo pleneque assensura sit quibusdam Conclusionibus, quacunque ratione ad earum notitiam pervenerit, nisi manifestam vim inferat propriis facultatibus. Quae proinde veritates concludi debent non fortuitae aut arbitrariae, sed ipsi Animae naturales. Cujusmodi sunt quas nominavi, Ut, Quemlibet Numerum finitum aut parem esse aut imparem, Si aequalia aequalibus addas, tota esse aequalia. Der menschliche Geist stimmt den ewigen Wahrheiten nicht zufällig und willkürlich bei, sondern nothwendig. Die beiden angeführten sind Sätze von grosser Allgemeinheit: Locke bestreitet an den verschiedensten Stellen den als gross dargestellten Nutzen dieser allgemeinen Wahrheiten (Cf. 1. 2. 19; I, 2. 20; IV. 7, 8 ff.). Man weiss viel eher die Sätze von geringerer Allgemeinheit. Nach More aber liegen jene fertig in uns.

Ich gebe gern zu, dass der Beweis, den ich versucht habe, sich nach mancher Richtung weiter ausführen lässt, wenn auch die wesentlichen Punkte zur Besprechung gekommen sind. Indessen, meine Absicht, glaube ich, ist erreicht: ich halte den Beweis für erbracht, dass in der Geschichte der Philosophie häufig, ja meistens, mit Unrecht behauptet wird, dass Locke in B. I. polemisierend gegen Descartes und die Cartesianer vorgegangen sei. Der Beweis ist negativ erbracht, indem gezeigt wurde, dass Locke's Argumentation nicht zutrifft, wenn man sie auf Descartes bezieht; er ist positiv erbracht, indem gezeigt wurde, wer die von Locke bekämpften Behauptungen aufgestellt, war die von Locke zurückgewiesenen Argumente vorgebracht hat. Fassen wir in einem Satz das Resultat dieses Kapitels zusammen, so lautet es: Locke's 1. Buch ist nicht gerichtet gegen Descartes, sondern gegen eine Anzahl platonisierender Theologen und Religionsphilosophen.

## CAPITEL IV.

### Locke's lumen naturale.

Es würde uns gewiss wundern, wenn Locke nicht von Descartes gelernt hätte, von vorn anzufangen und klar und methodisch vorzugehen. Gesteht doch Locke selbst freudig zu, was er Descartes verdankt. «Es war erst Descartes, der den Locke vom unfruchtbaren Studium der Scholastik abwandte und ihn auf einen ganz anderen Weg leitete. Durch die Lektüre nämlich der Schriften des Descartes, in denen er besonders die Klarheit der Darstellung bewunderte, entfernte er sich gänzlich von der barbaren Philosophie, die an der Oxforder Universität gelehrt wurde. Descartes also hat die Ehre und das Verdienst zur Bildung seines grössten Gegners so viel beigetragen zu haben,» so urtheilt Ziemba in seiner Schrift («Locke und seine Werke nach den für die Philosophie interessanten Momenten». Lemberg 1870.) auf pag. 11 über das Verhältniss der beiden Denker. Wenn wir diesem Urtheile beistimmen, so möchten wir nur im Gegensatze zu jener Darstellung behaupten, dass die Gegnerschaft nicht allzugross gewesen ist. Der französische Biograph und Freund Locke's Jean Leclerc erklärt in seinem Eloge historique Bd. VI seiner Bibliothèque choisie aus dem Munde des Philosophen selbst gehört zu haben, was er Descartes verdankt: dass er von Descartes erst ein fruchtbares Philosophiren gelernt habe. Victor Cousin (Fragment de philos. cartés. Paris 1856) urtheilt folgendermassen: Que deviennent Malebranche, Fénélon, Bosuet, Spinoza, Locke lui-même? Tous ont reçu par quelque côté et portent visible l'empreinte de Descartes.

Die Eigenart beider Männer ist grundverschieden, wie aus dem ganzen Denken und dem Aufbau ihrer Systeme deutlich hervorgeht; und doch, wenn man ihre Philosophieen vergleicht, sind sie im Ausgangspunkt und in der Methode so sehr verwandt. Schon äusserlich zeigt sich jene Verschiedenheit in der Darstellung: Descartes schreibt seine Hauptwerke lateinisch, Locke die seinigen in seiner Muttersprache. Descartes ist vornehmer, wenn der Ausdruck gestattet ist, als Locke; Locke ist populärer als Descartes. Descartes hat den einen oder anderen Lehrartikel aus der Scholastik mit herüber genommen, Locke polemisiert gegen jeden scholastischen Begriff. Locke ist induktiv, Descartes deduktiv. Aber trotz ihrer Eigenart sind sie im Geiste mit einander eng verwandt. Beider Streben ist in erster Linie gerichtet nicht auf eine Erkenntniss der Objektenwelt, sondern auf eine solche des Erkenntnissmittels, das heisst des Ich mit seinen Denkgesetzen. Dasselbe

Ziel erstreben sie, jeder in seiner Eigenart. Bei beiden ist der Hauptpunkt der Philosophie nicht Metaphysik, sondern Konstatierung der inneren und äusseren Erfahrung, d. h. Konstatierung dessen, was wir wissen können über das Ich und über die Objektenwelt, das Nichtich. Beide haben den Muth von Grund aus anzufangen, beide wagen es, nur sich selbst zu vertrauen, ohne sich auf Autoritäten zu stützen. Beide streben nach der Erkenntniss des Möglichen in der Erfahrung und scheuen sich nicht, wenn es darauf ankommt zu erklären: «Ich weiss es nicht.»

Es ist bei einer solchen Stellung der beiden Männer zu einander auf den ersten Blick auffallend, dass L o c k e in seinem Werk nur einige Male D e s c a r t e s erwähnt, da allerdings bei einem Lehrartikel, wo sie nicht übereinstimmen, wo es sich handelt um das Wesen der Körper und den leeren Raum (III, 4, 9; III, 4, 10; IV, 7, 12; IV 7, 13). Aber nie führt er in Bd I D e s c a r t e s irgend in einer Beziehung als Gegner an. Man darf wohl nach Cap. III dieser Arbeit behaupten, dass L o c k e sich bewusst war, dass D e s c a r t e s nicht in dem Sinne eingeborene Ideen behauptet hat, in dem sie L o c k e leugnet. Es handelt sich in diesem Kapitel darum zu zeigen, was L o c k e an die Stelle des cartesianischen lumen naturale gesetzt hat. Um eine kurze und einfache Antwort zu geben möchte ich sagen: das lumen naturale. Den Kampf den L o c k e gegen die eingeborenen Ideen (nicht gegen D e s c a r t e s) führt, entbrennt bei der Frage: «Woher die «eingeborenen» Ideen?» «Woher die «eingeborenen» Grundsätze?» L o c k e versteht darunter sowohl einzelne Begriffe (Gott), als auch Grundsätze, und zwar sowohl theorethische als auch praktische. D e s c a r t e s hatte gezeigt, wie oben dargestellt: Die Quelle der Erkenntniss ist das lumen naturale; dies lumen naturale findet Wahrheiten und die dazu nöthigen Begriffe auf, z. B. das principium contradictionis, das Kausalitätsgesetz, oder Gott. Dreieck, die wahr sein müssen, weil wir sie klar und deutlich einsehen, die in dem Sinne des Kant'schen a priori wahr sein müssen. Diese Wahrheiten liegen nicht fertig in uns, sondern das lumen naturale kann sie als wahr erkennen. Die Frage nach der Genesis der Begriffe, ob sie also als quasi imagines anzusehen sind und nicht mehr objektive Realität haben können, als die Originale formale Realität haben (in cartesianischer Terminologie), kommt dabei nicht in Betracht und ist nebensächlicher Natur. Es handelt sich hier für uns nicht um ein psychologisches, sondern um ein erkenntnisstheoretisches Problem.

L o c k e sagt: Es gibt keine fertig eingeborenen Grundsätze, die die Seele mit auf die Welt bringt. Die Vernunft kann gewisse Grundsätze entdecken, die mit Nothwendigkeit wahr sein müssen, denen jeder beim ersten Hören zustimmt, bei denen es thöricht wäre nach einer Begründung zu fragen, die wahr sein müssen, weil sie als wahr erkannt sind, die klar sind durch Intuition. Wann immer und so oft wir dieselben zum Objekt unserer Erkenntniss machen, können wir nicht anders, als ihnen zustimmen. Wenn D e s c a r t e s in seiner Sprache sie für realitates objectivae gehalten hat, so sind sie auch für Locke Realitäten, vorgestellte Realitäten, wenn wir sie vorstellen. Wie nahe aber auch in Bezug auf das successive Werden der Vorstellungen in uns sich beide Denker stehen, dürfte eine von Grimm citierte Stelle Descartes zeigen, zusammengehalten mit Locke, Ep. II 16: «Es ist nicht anzunehmen, dass der Geist eines Kindes im Mutterleibe über metaphysische Gegenstände nachdenke, vielmehr, wenn es erlaubt ist, in einer nicht ganz erkannten Sache eine Vermuthung aufzustellen: wir machen die Erfahrung, dass unser Geist so mit dem Körper verbunden ist, dass wir fast immer von demselben leiden, und obwohl ein in einem gesunden und erwachsenen Körper lebender Geist einige Freiheit geniesst, über anderes nachzudenken, als was ihm gerade von den Sinnen dargeboten wird, so findet sich diese Freiheit doch nicht bei den Kranken oder Schlafenden, noch bei Knaben, und sie scheint um so geringer zu sein, je schwächer das Alter ist. Daher ist nichts der Vernunft angemessener, als die Annahme, dass eine Seele, mit dem Körper des Kindes neu vereinigt, allein beschäftigt sei mit den verworrenen Wahrnehmungen oder Empfindungen der Ideen von Schmerz, Kitzel, Kälte, Wärme, und Aehnlichem, welches aus jener Vereinigung oder Vermischung herstammt.» Dies ist für den Vater des Rationalismus doch recht empiristisch gedacht!

Besteht nun in Bezug auf Existenz und vor allem auf Erkenntniss der eingeborenen Ideen eine so tiefe Kluft zwischen den beiden Philosophen? Sind ihre Behauptungen so unvereinbar mit einander, als man es behauptet? Diese Fragen verneinend behaupten wir, dass sie nicht nur nicht zwei strikte Gegner sind, sondern dass sie sogar dasselbe sagen, und gerade in Bezug auf einen Punkt, wegen dessen man sie zu unvereinbaren Gegnern stempelte. Descartes erkennt eingeborene Ideen an, Locke bestreitet sie, also schliesst man, sind sie Gegner. Aber es heisst der Sache wenig auf den Grund geben, wenn man der Unbestimmtheit oder gar Zweideutigkeit eines Wortes vertrauend, zwei Philosophen, wie Descartes und Locke, zu Gegnern von unversöhnlicher Art macht. Die Ausnahme, die die Idee Gottes macht, ist die einzige; aber auch in Bezug auf diesen Punkt stehen sie sich nicht überall so fern, wie dies scheint. Denn Descartes beweist Gottes Existenz durch das lumen naturale und Locke behauptet in IV 7, 7, dass die Vorstellung von uns selbst und die von Gott die einzigen seien, die mit unserem Sein verknüpft seien. Hier stimmen sogar beide überein, und mit der eben angeführten Locke'schen Stelle lässt sich wohl die cartesianische, dass der Schöpfer die Idee von sich unserem Geiste eingeprägt habe, wie der Künstler seinem Werk ein Zeichen aufdrückt, vereinigen. Locke widerspricht sich hier selbst; denn sonst hat er, wenn ich mich so ausdrücken darf, einen viel mehr anthropomorphen Gott. Locke lehrt, wie oben gezeigt, die negative Unendlichkeit und Vollkommenheit Gottes, während Descartes die positive vertheidigt. Es ist allerdings wenig im Sinne Locke's, zu sagen, dass die Idee

Gottes so viel objektive Realität habe, als formale Gott selbst. Aber dies ist doch nur ein Punkt und dazu ein metaphysischer, über das Erfahrungswissen hinausgehender.

Es handelt sich nun darum Belege aus Locke's Hauptwerk zu geben, um mit Hilfe derselben das Behauptete zu beweisen, dass nämlich Locke das lumen naturale, und infolge dessen eingeborene Ideen im Sinne Descartes hat. Es sind deren in dem Locke'schen Werk sehr viele, und Locke spricht sich, wo immer er auf diesen Punkt zu sprechen kommt, sehr deutlich aus, so dass ich mir für die Regel eine weitere Interpretation erlassen kann.

I, 1, 5. The candle that is set up in us shines bright enough for all our purposes. The discoveries, we can make with this ought to satisfy us.

Was ist das für ein Licht (candle — bei Descartes dafür lux) in uns? das lumen naturale.

I, 1, 8 (spricht Locke von ideas und ihrer Bedeutung). I presume it will be easily granted me, that there are such ideas in men's mind. Every-one is conscious of them in himself; and men's words and actions will satisfy him, that they are in others.

Wie kommen wir zu den Ideen? Durch das eingeborene (auch nach Locke) Intuitionsvermögen.

I. 2. 1. And no less unreasonable would it be to attribute several truths to the impressions of nature and innate characters, when we may observe in ourselves faculties (und zwar eingeborene), fit te attain as easy and certain knowledge as if they were originally imprinted on the mind.

1, 2, 4. These have so settled a reputation of maxims universally received that it will, no doubt, be thought strange if any one should seem to question it.

I, 2, 10. I shall here only, and that very readily, allow, that these maxims and mathematical demonstrations are in this different — that the one has need of reason, using of proofs, to make them out and to gain our assent; but that the other, as soon as understood, are, without any the least reasoning, embraced and assented to.

I, 2, 18. For upon the same ground, viz. of assent at first hearing and understanding the terms, that men would have those maxims pass for innate, they must also admit several propositions about numbers to be innate, and thus, that «one and two are equal to three», that «that two and two are equal to four», and a multitude of other the like propositions in numbers that every body assents to at first hearing and understanding the terms, must have a place amongst these innate axioms.

Dass Locke das Wort eingeboren in einem ganz anderen Sinne gebraucht als Descartes, dürfte klar eine Vergleichung dieser Stelle mit folgenden Descartes' auf den ersten Blick ergeben:

Med. V pag. 32. .... in eodem ad minimum certitudinis gradu esse deberet apud me Dei existentia, in quo fuerunt hactenus Mathematicae veritates.

Med. V pag. 32. Certe ejus ideam, nempe entis summe perfecti, non minus apud me invenio, quam ideam cujusvis figurae aut numeri; nec minus clare et distincte intelligo ad ejus naturam pertinere, ut semper existat, quam id quod de aliqua figura aut numero demonstro ad ejus figurae aut numeri naturam etiam pertinere. D. h. was L o c k e verlangt, leistet D e s c a r t e s in Bezug auf die Anwendung des Begriffs innatus.

I, 2, 18. Universal and ready assent upon hearing and understanding the terms, is, I grant a mark of self-evidence, but self-evidence, depending not on innate impressions, but on something else, belongs to several propositions, which nobody was yet so extravagant as to pretend to be innate. Was aber ist die self-evidence? Die Erkennbarkeit durch das lumen naturale.

I, 2, 21. This cannot be denied, that men grow first acquainted with many of these self-evident truths upon their being proposed. Ganz D e s c a r t e s' Ansicht.

I, 3, 1. Those speculative maxims carry their own evidence with them.

I, 3, 3. Nature, I confess, has put into man a desire of happiness, and an aversion to misery; these, indeed, are innate practical principles, which, as practical principles ought, do continue constantly to operate and influence all our actions without ceasing.

Der Wunsch nach Glück und die Scheu vor dem Elend sind ebenso eingeborene praktische Vermögen nach L o c k e, als das lumen naturale ein eingeborenes spekulatives ist.

I, 3, 4. He would be thought void of common sense who asked on the one side, or on the other side, when to give a reason, why it is impossible for the same thing to be, and not to be. It carries its own light and evidence with it, and needs no other proof; he that understands the terms assents to it for its own sake, or else nothing will ever be able to prevail with him to do it,

I, 3, 6. I grant the existence of God is so many ways manifest, and the obedience we owe him so congruous to the light of reason, that a great part of mankind give testimony to the law of nature.

I, 3, 13. There is a great deal of difference between an innate law and a law of nature; between something imprinted on our minds in this very original; and something that we, being ignorant of, may attain to the knowledge of by the use and due application of our natural faculties. And, I think, they equally forsake the truth who, running into the contrary extremes, either affirm an innate law, or deny that there is a law knowable by the light of nature; that is, without the help of positive revelation.

Wir haben hier einen Anklang an die historische Bedeutung des lumen naturale. Was meint L o c k e? Er sagt, es gibt kein fertig eingeborenes Gesetz in uns; gleichwohl kann mit Hilfe des light of nature, d. h. ohne positive

Offenbarung ein natürliches Gesetz erkannt werden. Ich erinnere daran, dass Locke's Gegner gleichsam eine positive Offenbarung dieser Grundsätze gepredigt hatten, indem unser Geist participiere an den Wahrheiten in Gott Allerdings kann uns diese Stelle auch an Malebranche erinnern und an den Occasionalismus. — Locke bestreitet nur das fertige Eingeborensein der Grundsätze — er behauptet aber, dass wir mit Hilfe des light of nature das law of nature erkennen können. Ist dies nicht ganz im Sinne von Descartes?

I, 4, 9. ... especially if it be such an idea as is agreeable to the common light of reason, and naturally deducible from every part of our knowledge, as that of a God is. For the visible marks of extraordinary wisdom and power appear so plainly in all the works of the creation, that a rational creature who will but seriously reflect on them, cannot miss the discovery of a Deity.

I. 4, 15. Secondly, it seems to me plainly, to prove, that the truest and best notions men had of God were not imprinted, but acquired by thought and meditation, and a right use of their faculties; since the wise and considerate men of the world, by a right and careful employment of their thoughts and reason, attained true notions in this as well as other things.

I, 4, 22 For though there be no truth which a man may more evidently make out to himself than the existence of a God.

I, 4, 24. Whereas had they examined the ways whereby men came to the knowledge of many universal truths, they would have found them to result in the minds of men from the being of things themselves, when duly considered; and that they were discovered by the application of those faculties that were fitted by nature to receive and judge of them, when duly employed about them.

Also die in uns vorhandenen, eingeborenen Vermögen können jene Grundsätze bei richtigem Gebrauch entdecken. Wenn wir uns nun fragen, wie denn wohl Locke es sich gedacht haben mag, dass unsere eingeborenen Vermögen jene Wahrheiten entdecken können, und wie wir uns davon überzeugen können, so giht uns über die erste Frage die Hauptstelle über die reflexion Aufschluss, über die zweite die Erörterungen des B. IV.

II, 1, 4. By reflexion, then, in the following part of this discourse, I would be understood to mean that notice, which the mind takes of its own operations, and the manner of them; by reason whereof they come to be ideas of these operations in the understanding Those two, I say viz external material things as the objects of sensation, and the operation of our own minds within as the objects of reflexion, are, to me, the only originals from whence all their ideas take their beginnings. The term «operations» here, I use in a large sense, as comprehending not barely the actions of the mind about its ideas, but some sort of passions arising some times from them, such as the satisfaction or uneasiness etc.

Genaueren Aufschluss, wie Locke sich das Zustandekommen des Wissens nach den dem Menschen eingepflanzten, der Seele im Keim angeborenen Vermögen denkt, gibt er in B. IV, in welchem einiges aus dem polemisch gehaltenen B. I wiederholt, wo aber das hier gesagte vertieft und begründet wird. Ich gebe die sich auf diesen Punkt beziehenden Stellen des B. IV.

IV, 1, 4. It is the first act of the mind, when it has any sentiments or ideas at all, to perceive its ideas, and, so far as it perceives them, to know each, what it is, and thereby also to perceive their difference, and that one is not another. This is so absolutely necessary, that without it there could be no knowledge, no reasoning, no imagination, no distinct thoughts at all. By this the mind clearly and infallibly perceives each idea to agree with itself, and to be what it is; and all distinct ideas disagree, i. e., the one not to be the other: and this it does without pains, labour, or deduction, but at first view, by its natural power of perception and distinction. And though men of art have reduced this into those general rules «What is, is» and «It is impossible for the same thing to be and not to be», for ready application in all cases wherein there may be occasion to reflect on it; yet it is certain, that the first exercise of this faculty is about particular ideas.

Die hier behandelte faculty ist das Objektivationsvermögen und das Intuitionsvermögen, die nicht von einander zu trennen sind, und die bloss zwei Seiten derselben Sache sind. Durch dieses Vermögen können wir überhaupt irgend eine Vorstellung zum Gegenstand unseres Denkens machen; dass wir dies können, ist der Grund, dass wir überhaupt Ideen bilden können; damit ist aber zugleich verbunden, dass wir überhaupt zu einem giltigen Denken und Wissen kommen können. Das Vermögen, wodurch wir überhaupt eine Idee als in unserm Denken vorhanden erfassen können, ist auch zugleich das, wodurch wir sie als solche erfassen, wie sie in uns ist, d. h. wodurch wir sie von andern unterscheiden, sie individualisieren; wodurch wir sie eben intuitiv erfassen.

IV, 2, 1. All our knowledge consisting, as I have said, in the view the mind has of its own ideas, which is the utmost light and greatest certainty we, with our faculties and in our way of knowledge, are capable of, it may not be amiss to consider a little the degrees of its evidence.

Ibid. Such kind of truths the mind perceives at the first sight of the ideas together, by bare intuition, without the intervention of any other idea; and this kind of knowledge is the clearest and most certain, that human frailty is capable of. This part of knowledge is irresistible, and, like bright sunshine, forces itself immediately to be perceived as soon as ever the mind turns its view that way; and leaves no room for hesitation, doubt, or examination, but the mind is presently filled with the clear light of it etc.

IV. 2, 9. It has been generally taken for granted, that mathematics alone are capable of demonstrative certainty: but to such an agreement or disagreement as may intuitively perceived being, as I imagine, not the privilege of the ideas of number, extension, and figure alone, it may possibly be the want of due method and application in us, and not of sufficient evidence in things, that demonstration has been thought to have so little to do in other parts of knowledge, and been scarce so much as aimed at by any but mathematicians. Es ist eine Ueberzeugung Locke's, die er hier und anderwärts oft ausspricht, dass nicht nur die Mathematik, sondern auch andere Wissenschaften z. B. die Moral klar und deutlich sein und demonstrativ behandelt werden können. Darin ist Locke durchaus abhängig von Descartes, der ja in seiner Abhandlung über die Methode die sichere Hoffnung ausspricht, dass man nach seiner Methode die Wissenschaften d. i. die Philosophie nach Art der Mathematik aufbauen könne.

IV, 3, 6. It is past controversy, that we have in us something that thinks; our very doubts about what it is confirm the certainty of its being, though we must content ourselves in the ignorance of what kind of being it is: and it is as vain to go about to be sceptical in this, as it is unreasonable in most other cases to be positive against the being of any thing, because we cannot comprehend its nature.

Wie sehr Locke in Descartes Gedankenkreis lebt, zeigt diese Stelle. Wo ist jemals ein Satz, wie das cartesianische cogito ergo sum vor Descartes aufgestellt worden? Niemand ist vor ihm bis zu dieser Consequenz vorgedrungen, um darauf allein weiter zu bauen. Locke bezeichnet hier den grundlegenden Satz Descartes' als eine past controversy.

IV, 3, 20. The subject part of mankind, in most places, might, instead thereof, with Egyptian bondage, expect Egyptian darkness, were not the candle of our Lord set up by himself in men's minds, which it is impossible for the breath or power of man wholly to extinguish.

IV, 3, 27. That there are minds and thinking beings in other men, as well as himself, every man has a reason, from their words and actions, to be satisfied; and the knowledge of his own mind cannot suffer a man that considers to be ignorant that there is a God.

IV, 7, 1. There are a sort of propositions which under the name of «maxims and axioms», have passed for principles of science; and, because they are self-evident, have been supposed innate, although nobody (that I know) ever went about to show the reason and foundation of their clearness or cogency. It may, however, be worth while to inquire into the reason of their evidence, and see whether it be peculiar to them alone, and also examine how far they influence and gouvern our other knowledge.

IV, 7, 4. These two general maxims, amounting to no more, in short but this, «that the same is the same», and «same is not different», are truths known in more particular instances, as well as in these general maxims, and known also in particular instances, before these general maxims are ever thought on, and draw all their force from the discernment of the mind employed about particular ideas.

IV, 7, 10. Many a one knows that one and to are equal to three, without having heard or thought on that or any other axiom by which it might be proved: and knows it as certainly as any other man knows that «the whole is equal to all its parts» or any other maxim; and all from the same reason of self-evidence, the equality of those ideas being as visible and certain to him without that or any other axiom as with it, it needing no proof to make it perceived.

IV, 7, 14. I affirm them to be truths, self-evident truths; and so they cannot be laid aside.

Der folgende Gedankengang ist nicht nur inhaltlich, sondern auch in Bezug auf die Form cartesianisch, ja man sieht leicht, dass Locke diese Stelle fast wörtlich aus Descartes herübergenommen hat. Es ist nicht ein Gedanke der unabhängig von Descartes in Locke entstanden wäre, dass uns der Zweifel über unsere Existenz versichert.

IV, 9, 3. As for our own existence, we perceive it so plainly and so certainly that it neither needs nor is capable of any proof. For nothing can be more evident to us than our own existence: I think, I reason, I feel pleasure and pain: can any one of these be more evident to me than my own existence? If I doubt of all other things, that very doubt makes me perceive my own existence, and will not suffer me to doubt of that. For, if I know I feel pain, it is evident I have as certain perception of my own existence, as of the existence of the pain I feel: or if I know, I doubt, I have as certain perception of the existence of the thing doubting, as of that thought which I call «doubt». Experience, then, convinces us that we have an intuitive knowledge of our own existence, and an internal infallible perception that we are. In every act of sensation, reasoning, or thinking we are conscious to our selves of our own being; and, in this matter, come not short of the highest degree of certainty.

Das Folgende ist oben schon gestreift Es betrifft eine Inconsequenz Locke's rücksichtlich des Gottesbegriffes. Diese Inconsequenz möchte ich hier auf Rechnung des Einflusses von Descartes setzen. Wir haben gesehen, wie sehr Locke unter dem Einflusse Descartes' stand in Bezug auf die Eruierung der Idee des Ich — In der folgenden Stelle steht er unter dem Einfluss desselben Philosophen rücksichtlich der Idee Gottes. In B. I. hatte Locke genau erörtert, wie er sich die Idee Gottes in uns entstanden denkt, so dass durchaus das Ich ohne diese Idee bestehen kann. Damit steht in grellem Widerspruch:

IV, 10, 1. To show, therefore, that we are capable of knowing. i. e.

being certain, that there is a God, and how we may come by this certainty, I think we need go no farther than ourselves, and that undoubted knowledge we have of our own existence. Ebenso IV, 7, 7.

Hier will also L o c k e den Gottesbegriff aus unserem Sein gewinnen mit dem er nach IV, 7, 7 ebenso eng verbunden ist, wie der Begriff des Ich. Also ganz wie bei D e s c a r t e s. Ja, es ist mehr. L o c k e operiert selbst mit diesem Gottesbegriff ganz nach der Art D e s c a r t e s'; nachdem er den Begriff aus unserem Ich gleichsam herausgenommen hat, beweist er dann mit Anwendung des Begriffes auf unsere Existenz Gottes Allmacht, was der psychologischen Entwicklung der Gottesidee in B. I. durchaus widerspricht.

IV, 10, 4. Next, it is evident, that what had its being and beginning from another, must also have all that which is in and belongs to its being from another too. All the powers it has, must be-owing to and received from the same source. This eternal source, then, of all being, must also be the source and original of all power and so this Eternal Being must be also the most powerful.

So beweist L o c k e die Allmacht Gottes; er behauptet zuerst, dass wir den Gottesbegriff der Erfahrung verdanken, so dass viele Menschen ihn nicht haben, und selbst viele derer, die ihn haben ihn nur gleichsam ererbt haben. D e s c a r t e s hatte von dieser Idee angenommen, dass sie die deutlichste. man kann beinahe sagen die eingeborenste (wenigstens an einer Stelle der Med. III.) sei. L o c k e leitet ganz in cartesianischer Weise aus dem Begriff Gottes die Vollkommenheit Gottes ab mit Hilfe des lumen naturale oder der self-evidence, ein Beweis, der erkenntnisstheoretisch ganz auf eine Linie mit den cartesianischen Auslassungen über den Gottesbegriff steht, und nur allzusehr D e s c a r t e s' Einfluss verräth. Obwohl also L o c k e seinen Beweis für das Dasein Gottes kosmologisch anlegt, so führt er ihn doch erst mit Hilfe des ontologischen (cartesianischen) Arguments zu Ende. Die Nothwendigkeit dieser Reduktion des einen Beweises auf den andern hat bekanntlich K a n t s Kritik klargelegt. L o c k e verstösst gegen seine eigene Behauptung. — Wie nahe der Empirist L o c k e manchmal D e s c a r t e s kommt in Punkten, wo man es gar nicht vermuthen sollte, geht aus folgender Stelle hervor.

IV, 10, 6 Nay, I presume I may say, that we more certainly know that there is a God, than that there is anything else without, us. d. h. doch wohl nach D e s c a r t e s' Methode anwenden, von dem Ich zu Gott und von Gott zu den Objekten Dass L o c k e nicht in cartesianischer Weise die Wahrheit der Erfahrung auf die Wahrhaftigkeit Gottes stützt, ist wahr, aber solche Stellen zeigen doch, wie nahe L o c k e dieser Consequenz kommt, wie tief er sich hineingelebt hatte in den cartesianischen Gedankengang. Auch die folgende Stelle kann dies zeigen.

IV, 17, 2. ... except-only of a God, whose existence every man may certainly know and demonstrate to himself from his own existence.

Kommen wir zurück von der Erörterung des Gottesbegriffes in unser Beweisverfahren betreffend die Behauptungen über das lumen naturale.

IV, 11, 14. Such propositions are therefore called «eternal truths», not because they are eternal propositions actually formed, and antecedent to the understanding that at any time makes them; nor because they are imprinted on the mind from any patterns that are any where of them out of the mind, and existed before; but because, being once made about abstract ideas so as to be true, they will, whenever they can be supposed to be made again at any time past or to come, by a mind having those ideas, always actually be true.

IV, 19, 1. In any truth that gets not possession of our minds by the irresistible light of self-evidence or, by the force of demonstration, the arguments that gain it assent are the vouchers and gauge of its probability to us.

Das sind doch dieselben Erkenntnissobjekte, gewonnen durch dieselben Erkenntnissvermögen, auf dieselbe Methode, wie sie uns auch bei Descartes begegnen. Man vergleiche damit die oben genannte Stelle: Pro certo habeas nihil esse in Metaphysica mea, quod non sit vel lumine naturali manifestum, vel demonstratum.

Selbst die bei Descartes behandelte Analogie findet sich ganz deutlich bei Locke: Dass wir ein light of nature haben, Gott aber der eternal father of light ist: IV, 19, 4. Reason is natural revelation, whereby the eternal Father of light, and Fountain of all knowledge, communicates to mankind that portion of truth, which he has laid within the reach of their natural faculties.

Eine Erklärung des light of nature gibt uns Locke:

IV, 19, 13. Light, true light in the mind, is or can be nothing else but the evidence of the truth of any proposition; and if it be not a self-evident proposition, all the light it has, or can have, is from the clearness and validity of those proofs upon which it is received. To talk of any other light in the understanding, is to put ourselves in the dark, or in the power of the prince of darkness, and, by our own consent, to give ourselves up to delusion, to believe a lie.

Das ist genau das Prinzip Descartes', der nur das als wahr anerkennt, was lumine naturali, sive demonstratione erkannt ist.

IV, 19, 14. When he illuminates the mind with supernatural light, he does not extinguish that which is natural.

Locke hält, wie Descartes, an dem positiven Christenthum fest, er glaubt an Wunder, die das Naturgesetz durchbrechen können. Wir haben die Frage schwebend gelassen, ob Descartes dabei aus Ueberzeugung gehandelt hat, oder ob er sich beugte vor der Macht der Kirche, für Locke erhebt sich nicht die Autorität der Kirche mit drohender Gefahr, er hält daran fest aus persönlicher Ueberzeugung.

IV, 19, 15. If this internal light, or any proposition which under that title we take for inspired, be conformable to the principles of reason, or to the word of God, which is attested revelation, reason warrants it, and we may safely receive it for true, and be guided by it in our belief and actions, etc.

Es wird hier von Locke die positive Offenbarung für eine Erkenntnissinstanz gehalten, die auf gleicher Stufe steht mit den truths by natural light. Es ist ja gewiss persönliche Ueberzeugung Locke's gewesen; man kann nicht behaupten, dass Locke in Bezug auf seinen Glauben von Descartes beeinflusst sei; aber die Möglichkeit einer Beeinflussung rücksichtlich der Stellung dieses Punktes in dem System der Philosophie bleibt bestehen.

IV, 20, 1. Knowledge being to be had only of visible certain truth, error is not a fault of our knowledge, but mistake of our judgment, giving assent to that which is not true.

Cf. damit Med. IV, pag. 29. Atque in hoc liberi arbitrii non recto usu privatio illa inest quae formam erroris constituit, privatio, inquam, inest in ipsa operatione quatenus a me procedit, sed non in facultate quam a Deo accepi, nec etiam in operatione quatenus ab illo dependet.

Es ist aber dies wiederum offenbar, dass Locke in Bezug auf die Möglichkeit und die Entstehung des Irrthums ganz auf Descartes' Schultern ruht. Es ist keine alltägliche Bemerkung, dass der Irrthum nicht in Folge der mangelhaften Einrichtung unseres Erkenntnissvermögens entstehe, sondern dadurch, dass geurtheilt, d. h. gehandelt werde, ohne vorherige genaue Erkenntniss, d. h. dass der Wille über die Einsicht hinausgehe. Dieser Ausspruch trägt deutlich Descartes' Geist auf seiner Stirn. Der Umstand, dass Locke den error als einen Fehler unseres judgment auffasst, und dies als selbstverständlich hinstellt, zeigt wie sehr Locke in Descartes' Anschauungsweise lebt, und wie viel er ihm verdankt. — Es geht aus den angezogenen Stellen aus Locke deutlich hervor, dass er ein Schüler von Descartes ist, rücksichtlich des erkenntnisstheoretischen Problems. Das, was Locke in den beigebrachten Stellen sagt, bedarf kaum der Erläuterung und kann bei der Klarheit der Locke'schen Darstellung kaum zweifelhaft oder zweideutig sein.

Es hat nicht an Stimmen gefehlt, die schon von Locke klar und deutlich nachgewiesen und gesagt haben, dass er nicht der ausschliessliche Sensualist oder Empirist (in dem engeren Sinne dieses Wortes) ist, für den er in der Regel gehalten und erklärt wird, die auch den Locke'schen Idealismus oder Apriorismus oder Rationalismus oder nenne man es, wie man wolle, betont, und in dieser Beziehung Locke haben Recht widerfahren lassen. Das ist von vornherein nach Obigem klar, dass man Locke ebenso gut zu den Rationalisten als zu den Sensualisten hätte stellen können, wenn man einmal kategorisieren will. Die Bezeichnung Empirist scheint besser auf ihn zu passen:

denn er stützt sich bei seinem ganzen Wissen nur auf äussere und innere Erfahrung. Aber was thut denn Descartes anderes, wo es sich um Aufrichtung seines als rationalistisch bezeichneten Systemes handelt? Beruht der berühmte Satz, mit dem Descartes' Name für uns so unauflöslich verknüpft ist: «cogito ergo sum» etwa nicht auf innerer Erfahrung? Ist dann Descartes nicht ebenso als Empirist zu bezeichnen? Man sieht, eine strenge Scheidung durch die ausgeworfenen Namen ist nicht möglich. Ob Descartes sagt, diese ursprünglichen Wahrheiten sind uns lumine naturali klar, oder ob Locke sagt, sie sind uns klar durch light of nature oder durch selfevidence oder durch innere Erfahrung, in der Sache sind sie einig. Desshalb dürfte die Scheidung in zwei feindliche Lager unberechtigt sein.

Nachgewiesen ist dies für das Verhältniss von Locke und Leibniz von Hartenstein, der in seiner Schrift: «Locke's Lehre von der natürlichen Erkenntniss in Vergleichung mit Leibniz' Kritik derselben» (Abth. der sächs. Gesellsch. der Wissensch Bd. IV, Abth. II, Leipzig 1861) zum gleichen Resultat kommt, wo er die Philosophieen von Locke und Leibniz mit einander vergleicht. Hartenstein's Beweis läuft ja im Wesentlichen darauf hinaus, dass die Locke'sche Seele nur hinsichtlich der wirklichen Vorstellungen als tabula rasa auf die Welt komme, dabei aber in ihrem Vermögen auch schon ein virtuelles Angeborensein besitze, wie es Leibniz ausdrücklich ausgeführt hat. Ich zeige ferner an einigen Fällen, dass Hartenstein zu einem ähnlichen Resultat kommt bei der Vergleichung von Locke und Leibniz, wie wir bei der Vergleichung von Descartes und Locke. p. 114 sagt er: «An ein Werk, welches ihm unbedeutend erschienen wäre, würde Leibniz schwerlich diese speciell eingehende Sorgfalt verwendet haben; an der blossen Polemik als solcher hatte er keine Freude, und wie häufig auch Locke's Buch ihm lediglich als Anknüpfungspunkt für die Darlegung seiner eignen Ansichten dient, ohne eine Uebereinstimmung in sehr wichtigen Punkten würde er schwerlich Veranlassung genommen haben, die Darlegung seiner Gedanken gerade an das Locke'sche Werk anzuknüpfen.»

pag. 192. «Die Lehren Locke's dürften nun in der That durchaus nicht das Urtheil rechtfertigen, dass seine Ansicht von dem menschlichen Wissen den empiristischen Charakter hat, durch den man sie gewöhnlich ausreichend bezeichnen zu können glaubt.»

pag 195. Trotz dieser Verzichtleistung auf ein eigentlich metaphysisches Wissen, gibt es dennoch für Locke ein Gebiet, innerhalb dessen ein nothwendiges und allgemein gültiges Wissen allerdings möglich ist.» Locke leistet auf ein metaphysisches Wissen durchaus nicht immer Verzicht. Ich habe oben gezeigt, wie er mit dem Gottesbegriff operirt.

Hartenstein ist gewiss im Recht, und wir stimmen in den Erörterungen des Cap. I vollständig mit ihm überein, wenn er behauptet, dass die Wurzel zu der schroffen Trennung der vorkantischen Philosophie bei Kant zu suchen ist. Die von Hartenstein angezogene Stelle aus Kant's Kr. d. r. V p. 261 kann als klarer Beweis dienen: «Leibnitz intellectuirte die Erscheinungen, so wie Locke die Verstandesbegriffe sensificirt hatte d. i. für nichts, als empiristische und abgesonderte Reflexionsbegriffe ausgegeben hatte. Anstatt im Verstande und der Sinnlichkeit zwei ganz verschiedene Quellen von Vorstellungen zu suchen, die aber nur in Verknüpfung von Dingen objektiv urtheilen können, hielt sich ein jeder dieser grossen Männer nur an eine von beiden, die sich ihrer Meinung nach unmittelbar auf die Dinge an sich selbst bezögen, indessen die andere nichts that, als die Vorstellungen der ersteren zu verwirren.» Nie ist Locke ein grösseres Unrecht widerfahren, als hier von Seiten Kant's: denn 1) hat Locke Verstand und Sinnlichkeit geschieden als zwei verschiedene Erkenntnissquellen; 2) hat er sie verknüpft, wo er endgiltig urtheilt; 3) behauptet er nicht, die Dinge an sich selbst erkennen zu können.

Wenn wir uns fragen, was ist die erste sichere Erkenntniss, die wir haben, und durch welche Mittel können wir eine solche gewinnen, so lautet die Antwort bei Locke kaum anders als bei Descartes. Die unschaulichen, intuitiven Wahrheiten, die keines Beweises bedürfen, treten bei Locke ebenso deutlich, wie bei Descartes hervor, ja man darf, ohne fehl zu gehen, behaupten, dass dabei eine deutliche Beeinflussung des ersteren durch den letzteren ersichtlich ist. Das Vermögen, wodurch wir diese Erkenntnisse gewinnen können, nennt Descartes lumen naturale, Locke candle of mind, light of nature, natural light, light of reason etc. Wenn nun auch aus dem Umstand, dass Locke den Ausdruck light of nature gebraucht, wir nicht schliessen dürfen, dass er diesen Terminus von Descartes herübergenommen hat, so muss doch zugegeben werden, dass die Locke'sche Verwendung sehr an die cartesianische erinnert. Locke widmet der Erklärung dieses Ausdruckes einen eigenen Paragraphen (IV, 19, 13); er ist oben angeführt. Stellen wir diese Erklärung zu dem, was sich aus Descartes' Werken für uns über das lumen naturale ergeben hat, so kann nicht zweifelhaft sein, dass diese Geisteskraft, oder wie man es nennen will, in Bezug auf Auffassung und Anwendung bei beiden, dieselbe ist. Wenn Locke an einer grossen Anzahl oben verzeichneter Stellen von self-evidence spricht, die den Wahrheiten, welche durch das light in our mind erkannt werden, anhaftet, wenn er sie jedes Beweises für überhoben erklärt, so steht er damit ganz auf dem Standpunkte Descartes'. Man muss sich allerdings dabei einen Gegensatz zum Bewusstsein bringen, der aber bloss ein methodologischer ist. «Was ist, das ist» ist ein Satz, den sowohl Locke als auch Descartes für eine Erkenntniss des lumen naturale erklärt, ebenso, wie irgend ein mathematisches Axiom: «Gleiches zu Gleichem gibt Gleiches.» Descartes wendet einen solchen allgemeinen Satz, der sich auf das lumen naturale stützt, auf einen speziellen Fall an. (Ein deutliches Beispiel ist die Anwendung des Causalitätsprincips zum Beweise des Daseins Gottes.) Locke sagt nichts gegen ein derartig deduktives Verfahren: die dadurch erkannte Wahrheit ist natürlich so klar, wie der dabei verwandte Satz. Aber er sagt, der einzelne Fall, worauf ein solcher allgemeiner Satz angewandt wird, ist ebenso klar, mindestens ebenso klar, als jener allgemeine Satz. Mit anderen Worten: während Descartes im Interesse seinér Methode solche allgemeinen Sätze liebt und sie im Einzelnen verwendet, geht Locke lieber von dem einzelnen Fall aus und erklärt die allgemeinen Sätze für induktiv gewonnen. Locke bestreitet nur den grossen methodologischen Werth dieser Sätze. Dass weiss nicht schwarz ist, ist nach Locke ebenso klar durch Intuition, als der Satz «was ist, das ist»; aber wir erkennen nicht jenen Satz durch diesen, sondern dieser ist der später gewonnene, der von den einzelnen Fällen abstrahierte. Dies zeigt sich durchgehends: Locke verfährt induktiv, Descartes deduktiv; aber für beide ist die Intuition die Erkenntniss, die den höchsten Grad der Gewissheit hat. Bei der Betrachtung der Vorgänge (operations) in unserem Ich gewinnen wir nach beiden Philosophen Gewissheiten, die wegen ihrer Unmittelbarkeit die grössten sind, deren wir fähig sind. Locke versucht auch nie, ebensowenig wie Descartes, eine Definition davon zu geben, was z. B. Denken, Dasein, Zahl ist, er verweist auf die Vorstellung, die wir davon haben. Es spielt bei dem Erkenntnisswerth, den diese Begriffe und Sätze haben, die Frage, ob diese Ideen in uns fertig vorgefunden werden, die psychologischer Natur ist, und sich auf die Genesis derselben bezieht, keine Rolle, wenn auch darin Descartes und Locke einig sind. Die Erkenntniss ist für beide aus demselben Grunde wahr. Descartes baut sein System Schritt für Schritt auf. Bedarf er zum Weitergehen einer veritas aeterna lumine naturali manifesta, so verwendet er sie. Der Satz muss dann von jedem anerkannt werden vermöge der in jedem bestehenden Denkformen und Denkgesetze, und die erklärt auch Locke für eingeboren, d. h. untrennbar mit dem Bewusstsein verbunden. So dürfte denn nach dem Gesagten erwiesen sein, dass die beiden zwei feindlichen Lagern zuertheilten Philosophen in diesem für die Erkenntnisstheorie wichtigsten Punkt übereinstimmen; und ist der Schluss nicht nur gestattet, sondern man wird zu ihm hingedrängt, dass nur Worte, die der eine in einem Sinn verwandte, in welchem sie von dem andern nicht gebraucht wurden, dazu verleiten konnten, sie zu principiellen Gegnern zu erklären. Es sei mir hier gestattet abschliessend auf einen oben schon kurz behandelnden Punkt einzugehen: ich meine die Ansicht beider Philosophen über den Gottesbegriff. Es ist wahr, dass Descartes behauptet, Gott habe uns die Idee seiner in unsere Seele eingeprägt, was Locke B. I, indem er unsere Seele bei ihrem Entstehen für eine tabula rasa erklärt, expressis verbis leugnet; aber an anderen Stellen des B IV spricht er davon, dass Gottes Dasein uns ebenso unmittelbar gewiss sei, als unser eigenes. Wenn man dann Locke fragt, woher diese Gewissheit komme, so antwortet er uns, aus der Idee, die wir von Gott in uns haben. Aus dieser Idee erschliesst dann Locke die Allmacht Gottes, indem er in derselben Weise operiert, wie Descartes. Kann dies noch der empirische Gottesbegriff sein, den Locke im ersten Buch konstatiert hat? Es besteht also hier der Unterschied, wo er besteht, nur in der Auffassung der Genesis der Begriffe, nicht rücksichtlich der Erkenntniss, und jener Unterschied hat nur ein psychologisches Interesse.

In Bezug aber auf die Locke'sche Erkenntniss überhaupt kann dem was Hartenstein a. a. O. p. 197 sagt nur beigestimmt werden: «So verwandelt sich für Locke im Laufe der Untersuchung die Kritik des Erkenntnissvermögens in eine Kritik der Erkenntniss, d. h. der Begriffe, die mit dem Anspruch auf sie gedacht werden, deren entscheidender Schwerpunkt nicht in seinen psychologischen Annahmen, sondern in der Anerkennung der logischen Gesetzmässigkeit liegt. »

Nachdem wir im Cap. III das negative Resultat für das Verhältniss beider Denker zu einander gewonnen hatten: Locke ist nicht Descartes' Gegner, bringt uns dies Cap. die positive Ergänzung als Resultat hinzu: Locke ist Descartes' Schüler rücksichtlich des lumen naturale, als der intuitiven Erkenntnissquelle und rücksichtlich der intuitiven Erkenntniss.

## Capitel. V.

## Die Naturerkenntniss bei Descartes und Locke.

Nachdem ich die rationalistischen Elemente bei Descartes und Locke behandelt hatte, schien sich als einfachste Methode von selbst zu ergeben, die empiristischen Elemente beider in gleicher Weise zu behandeln. Ich schlug jedoch für diesen Theil aus mehreren Gründen einen anderen Weg ein: in dem Vorhergehenden machte der zu behandelnde Stoff in der Darstellung des Einzelnen Erörterungen nöthig, und dieser Umstand schien mir dort eine Sonderbehandlung zu erheischen. Bei dem Folgenden scheint mir eine so ausführliche Behandlung nicht angängig zu sein; es würde mich für den vorliegenden Zweck zu weit führen, wollte ich eine vollständige, in's Einzelne eindringende Wahrnehmungs- und Empfindungstheorie beider Philosophen geben. Es kommt mir hier nur darauf an, durch eine Zusammenstellung der wesentlichsten Punkte zu zeigen, wo in genannter Rücksicht eine Verwandtschaft der beiden Denker vorliegt, so dass man annehmen kann, dass Locke von Descartes gelernt hat. In einer kurzen Darstellung der Behandlungsweise von Hobbes rücksichtlich derselben Gegenstände werde ich dann im letzten Kapitel zeigen, dass man viel eher eine Beeinflussung Locke's von

Seiten des Descartes, als von Seiten des Hobbes annehmen kann; zugleich werde ich dort auch darüber berichten, wem nach dem jetzigen Stande der Forschung das Prioritätsrecht in Bezug auf die Konstatierung der Subjektivität der Empfindungsqualitäten zuzuschreiben ist, ob Descartes oder Hobbes. — Für diesen Abschnitt glaubte ich den Stoff am besten in der Weise anzuordnen, dass ich von Locke ausgehend auf ähnliche Gedanken bei Descartes hinwies. Ich will dabei auf eine vollständige Erschöpfung des Stoffes keinen Anspruch machen, indem ich mich auf das Wesentliche beschränke.

Bei beiden Philosophen ist in den vorhergehenden Abschnitten konstatiert das Ich mit seinem intuitiven Erkenntnissvermögen, bei dessen Bethätigung der Geist sich aktiv verhält. Dieses Ich aber ist gebunden durch die logischen Gesetze. Diese formale Gesetzmässigkeit bringt nach beiden der Geist des Menschen mit in sein Sein, jedes menschliche Bewusstsein ist ihr unterworfen. Materiell ist dieses Bewusstsein, das Ich, bei beiden leer. Dies spricht Locke ausdrücklich aus, indem er die Seele einem unbeschriebenen Stück Papier, einer tabula rasa vergleicht; für Descartes klingt diese Behauptung vielleicht befremdend. Sehen wir zu. Was ist bei ihm das Ich? eine substantia cogitans. Worin besteht das Wesen dieser substantia cogitans? Im cogitare. Was ist bei Descartes das cogitare? Es ist die Funktion des Bewusstseins, durch welche das Ich im Stande ist, sich selbst oder eine andere Idee sich als Objekt gegenüberzustellen und als solche zu fassen. Die weitere Frage ist: Was findet sich in dem Ich des Descartes als dasjenige, wodurch er weiter kann, was ihm das Ich «bevölkert», wahrheitsgemäss mit Hilfe des Kriteriums klar und deutlich mit Material versieht? Es ist das lumen naturale, das eigentliche Konstituens des Ich. Aber, könnte man hier einwerfen, die eingeborenen Ideen? Die sind in dem Sinn nach Descartes nicht eingeboren, wie dies vielfach dargestellt wird. Gott hat nach Descartes nicht den Menschen mit diesen fertigen Ideen auf diese Erde gesetzt, sondern sie werden erst mit Hilfe des lumen naturale von dem Ich gewonnen, erzeugt. Das Ich kommt nicht mit ihnen behaftet in das Sein, sondern nur mit der Fähigkeit sie zu erwerben. Wenn irgend eine cartesianische Idee als eingeboren angesehen werden muss, so ist es die von Gott. Wenn dieselbe nach unserem Philosophen in ihrer ganzen Vollständigkeit als eine eingeborene vorhanden wäre, wozu bedürfte es dann noch des Nachweises der Existenz des Archetypus zu dieser Idee, ohne welchen Nachweis die Idee eine Fiktion wäre, also keine eingeborene Idee, behaftet mit den Eigenschaften, die nothwendig sind, damit eine Idee eine eingeborene sei? Die Existenz Gottes wird bewiesen durch das lumen naturale, und erst dadurch, dass dieser Beweis gelingt, wird diese Idee in uns sanktioniert als eine eingeborene Es handelt sich hier nicht darum, den Beweis zu kritisieren, sondern nachzuweisen, dass ursprünglich nur in dem Ich das formale lumen naturale nach dem cartesianischen Systeme ist. Descartes

will gar nicht so verstanden sein, dass die Idee Gottes eine psychologische Priorität beanspruchen könne; die Priorität, die Descartes dieser Idee zuspricht, spricht er ihr nur in erkenntnisstheoretischer, methodologischer Absicht zu. Er braucht diese Idee, damit er in seinem System methodisch weiter kann. Ich bin hier, von einem ganz anderen Punkt ausgehend, in der Lage, die Frage stellen zu müssen, wie Grimm in seiner mehrfach erwähnten Schrift sie stellt, und zwar am Ende dieser Schrift, nachdem er die Konsequenzen der cartesianischen Lehre gezogen hat. Wenn nämlich die Seele vor aller Erfahrung nur eine tabula rasa ist, ausgestattet mit dem formalen Vermögen des lumen naturale, was ist dann noch für ein Unterschied zwischen den ideae innatae, die bei Descartes die hervorragende Rolle spielen, und zwischen den Ideen, die wir z. B. durch die Empfindung der Nerven von äusseren Gegenständen bekommen? In der von uns pag. 22 angeführten Stelle spricht sich denn Descartes auch so aus, dass selbst die Ideen der Bewegungen und Figuren uns angeboren sind, ja dass sogar alle jene anderen Ideen uns angeboren sein müssen, die nicht einmal eine Aehnlichkeit haben mit körperlichen Bewegungen, die Ideen des Schmerzes, der Farben, der Töne u. s w. Ich kann dem, was Grimm pag. 76 sagt, nur beistimmen :
«Dass eine Vorstellung uns angeboren sei, soll so viel sagen, als dass unser Geist die Fähigkeit oder Anlage zur Bildung dieser Vorstellung in sich trage. Eine Anlage oder Fähigkeit aber muss, damit sie als solche gelten könne, schon ehe sie zur Entwicklung kommt, in gewisser Weise gesetzmässig bestimmt sein, damit aus ihr gerade diese und nicht etwa eine andere Vorstellung hervorgehen könne.» Dagegen möchte ich das, was Grimm weiter sagt, nicht so hinnehmen, wie er es sagt:
«Diese gesetzmässige Bestimmtheit weist Descartes bei einer Art Ideen nach, und desshalb kann er diese angeboren nennen. Dagegen bezeichnet er auf der anderen Seite wieder Ideen als angeboren, bei denen er diese gewisse unabhängige Natur vorher nicht nur nicht erwiesen, sondern sogar bestritten hat. Dieser Widerspruch kann gelöst werden entweder dadurch, dass man alle Gesetzmässigkeit überhaupt leugnet; in diesem Fall kann es überhaupt keine angeborenen Ideen geben, und davon ist Descartes weit entfernt, oder aber es gibt eine solche Bestimmtheit, aber dann muss sie auch allen angeborenen Ideen eigenthümlich sein, und da zuletzt alle Ideen angeboren sind, so muss diese gesetzmässige Bestimmtheit, die vor aller Erfahrung schon in uns gegeben ist, auch an jeder einzelnen Vorstellung zu finden sein.» Grimm hat diesen Widerspruch nicht gelöst, er hat dadurch, dass er die beiden Eventualitäten setzt, von denen keine so recht auf unseren Philosophen passen will, die Frage zugespitzt, ohne damit zu Ende gekommen zu sein. Die Sache verhält sich meines Erachtens folgendermassen : Man kann nicht wohl sagen, Descartes habe bei der einen Art von Vorstellungen das Eingeborensein nachgewiesen, bei der anderen dagegen nicht. Nach Descartes werden eine

Anzahl Ideen unmittelbar intuitiv erfasst in strenger Gesetzmässigkeit, das eine Mal wie das andere Mal; jene Unmittelbarkeit des Erfassens und die sich dabei ergebende Evidenz und Stringenz für unser Denken möchte ich als dasjenige bezeichnen, was Descartes gewöhnlich eingeboren nennt. Dies sind die Vorstellungen des Ich, Gottes, die Vorstellungen der reinen Mathematik, die Axiome und Aehnliches, um diese Reihe, wie dies Descartes selbst thut, unbestimmt und ergänzungsfähig zu lassen.

Die Frage nach der Genesis dieser Vorstellungen ist oben erörtert. Dagegen haben diese Unmittelbarkeit und jederzeitige Evidenz und Stringenz die auf dem Wege der Sinnlichkeit gewonnenen Vorstellungen nicht $2+3$ ist immer $= 5$, auch wenn ich krank bin oder schlafe, ein Dreieck hat immer drei Seiten, und die Idee von Gott ist immer die des allervollkommensten u. s. w. Wesens, auch wenn ich indisponiert bin. Der Zucker aber kann mir gelegentlich einmal bitter schmecken, wenn ich krank bin, oder ich kann das Weisse gelb sehen. Bei dieser Klasse von Eigenschaften ist also jene Unmittelbarkeit und desshalb jene jederzeitige Stringenz nicht vorhanden

Desshalb hält aber Descartes diese Vorstellungen nicht für nichts, desshalb verzweifelt er nicht daran, eine objektive Gesetzmässigkeit darin aufzustellen. Das Eingeborensein dieser Vorstellungen liegt in der normalen « Receptivität unseres Gemüthes », um den Kant'schen Ausdruck zu gebrauchen; induktiv lässt sich für unseren Normalzustand ein objektives Gesetz feststellen.

Ich bin durch die Frage, ob die Seele bei Descartes, wie bei Locke, eine tabula rasa mit den ihr innewohnenden Fähigkeiten und Anlagen logisch zu verfahren und durch die Empfindungen bei der Wahrnehmung afficiert zu werden, sei, von Locke abgekommen.

Ich glaube es für Descartes erwiesen zu haben. Ich will nicht behaupten, dass sich Locke selbst dieser faktischen Uebereinstimmung mit Descartes klar bewusst war; jedenfalls aber darf man nicht behaupten, dass ihm diese Uebereinstimmung ganz entgangen wäre, oder dass er sich gar zu Descartes in dem grellen Gegensatz gefühlt hätte, wie dies häufig von Historiographen der neueren Philosophie dargestellt wird. Es soll damit Descartes nicht zum Sensualisten gestempelt, oder zum Empiristen gemacht werden, ebensowenig wie Locke oben ein Rationalist oder Apriorist genannt wurde; es sollen gleichsam nur die Fäden herausgezogen werden, die in dem Gewebe der Systeme beider Denker gleichlaufend sind. Dabei ergibt sich eben, dass der Grad der Verwandtschaft der beiden Philosophen ein grösserer ist, als man gewöhnlich annimmt.

Wenn nun ursprünglich bei beiden Denkern die Seele eine tabula rasa ist, wie kommt diese tabula rasa dazu, beschrieben zu werden? Wie sie mit den ideae innatae κατ' ἐποχήν beschrieben wird, harben wir oben gesehen.

Hier lautet die Frage spezieller: Wie kommt die tabula rasa dazu, mit Vorstellungen auf dem Wege der Sinnlichkeit beschrieben zu werden?

Ueber das, was Locke unter einer Vorstellung versteht, äussert er sich folgendermassen:

II, 1, 1. Every man being conscious to himself, that he thinks, and that which his mind is applied about, whilst thinking, being the ideas that are there, it is past doubt that men have in their mind several ideas, such as are those expressed by the words «whiteness, hardness, sweetness, thinking motion, man, elephant, army, drunkenness», and others. It is in the first place then to be inquired, How he comes to them? I know it is a received doctrine, that men have native ideas and original characters stamped upon their minds in their very first being. This opinion I have at large examined already; and, I suppose, what I have said in the foregoing book will be much more easily admitted, when I have shown, whence the understanding may get all the ideas it has, and by what ways and degrees they may come into the mind; for which I shall appeal to every one's own observation and experience.

Vergleichen wir damit:

Med. III pag. 16. Nunc autem ordo videtur exigere, ut prius omnes meas cogitationes in certa genera distribuam, et in quibusnam ex illis veritas aut falsitas proprie consistat, inquiram. Quaedam ex his tanquam rerum imagines sunt, quibus solis proprie convenit ideae nomen, ut cum Hominem, vel Chimaeram, vel Caelum, vel Angelum, vel Deum cogito; aliae vero alias quasdam praeterea formas habent, ut cum volo, cum timeo, cum affirmo, cum nego semper quidem aliquam rem ut subjectum meae cogitationis apprehendo, sed aliquid etiam amplius quam istius rei similitudinem cogitatione complector; et ex his aliae voluntates, sive affectus, aliae autem judicia appellantur.

Das Gemeinsame bei der Erörterung dessen, was unter Idee zu verstehen ist, in diesen beiden Stellen, finde ich in Folgendem:

Wenn wir uns die angeführten Ideen näher ansehen, so können wir dieselben in zwei Klassen eintheilen:

1) solche, die äussere Gegenstände oder Eigenschaften von äusseren Gegenständen bezeichnen, wozu auch die Fiktionen (z. B. die Idee einer Chimäre) zu rechnen sind, die aus sinnlichen Elementen von uns gebildet sind,

2) solche, welche sich auf unser Denken beziehen, welche Funktionen unseres Denkens bedeuten.

Locke bezeichnet dann als seine weitere Aufgabe zu zeigen, wie der Verstand zu diesen Ideen kommt, also in psychologischer Weise die Genesis derselben nachzuweisen. Diese Aufgabe löst die cartesianische Stelle, indem sie uns zuerst solche Ideen nennt, quae tamquam rerum imagines sunt (darunter werden dann allerdings auch ideae innatae befasst, z. B. Gott), und uns dann in psychologischer Weise zeigt, wie wir zu den Ideen kommen, in welchen wir Funktionen unseres Geistes vorstellen (negatio, affirmatio). Wenn auch bei Locke die Ideen hier durcheinander genannt werden, so werden sie später von ihm getrennt; die psychologische Behandlungsweise tritt aber hier, wie ich glaube, deutlich bei beiden hervor.

Was die zweite Klasse der von uns oben getrennten Ideen anbelangt, also z. B. thinking oder affirmatio oder timor, so können wir nur durch Intuition, durch reflexion zu denselben gelangen. Für uns aber dreht sich hier die Frage um die Ideen, durch die wir Körper und Eigenschaften der Körper vorstellen und um die objektive Realität der Körperwelt.

Wie gelangen wir zu diesen Ideen, und was sind sie?

II, 1, 3. Our senses, conversant about particular sensible objects, do convey into the mind several dictinct perceptions of things, according to those various ways wherein those objects do affect them; and thus we come by those ideas we have of yellow, white, heat, cold, soft, hard, bitter, sweet, and all those which we call sensible qualities; which when I say the senses convey into the mind, I mean, they from external objects convey into the mind what produces there those perceptions. This great source of most of the ideas we have, depending wholly upon our senses, and derived by them to the understanding, I call sensation.

Dies ist bei Locke eine klare und ausgemachte Lehre. Wie er sich den Vorgang denkt, darüber kann uns diese Stelle nicht im Zweifel lassen. Unsere Sinnlichkeit versieht uns mit den meisten Ideen, diese Ideen kommen von den Dingen ausser uns. Wie stellt sich dazu Descartes? Hat er die Sensation im Sinne Locke's? Die Vorstellungsweise ist bei Descartes dieselbe; die Dinge wirken durch Stoss auf unsere Nerven ein; die Empfindung wird in dem Gehirn in Wahrnehmung, in Ideen umgesetzt.

Med. I pag. 6. Nempe quidquid hactenus ut maxime verum admissi, vel a sensibus, vel per sensus accepi. Die Sinne sind also bei Descartes die vermittelnden Werkzeuge, die grössere Hauptquelle einer Art von Vorstellungen. In welcher Weise Descartes dann in dem der angeführten Stelle Folgenden die Sinne als glänbige Zeugen discreditiert, um sie später wieder zur Geltung zu bringen, lassen wir hier noch ununtersucht. Descartes hat wie Locke zwei ideenliefernde Hauptquellen, das lumen naturale und den sensus deutlich unterschieden.

Ich möchte hier einer vielfach geäusserten Ansicht über die Lehre Descartes' begegnen und zu diesem Zweck folgende Stelle vorher anführen:

Med. I pag. 8. Putabo caelum, aerem, terram, colores. figuras, sonos cunctaque externa (d. h. doch wohl durch den äusseren Sinn gewonnen) nihil aliud esse quam ludificationes somniorum, quibus insidias credulitati meae tetendit (sc. genius malignus): Considerabo me ipsum tanquam manus non habentem, non oculos, non carnem, non sanguinem, non aliquem sensum, sed haec omnia me habere falso opinantem.

Es handelt sich hier nämlich um die Ansicht, als habe unser Philosoph die Körper und deren Qualitäten nur denken wollen. Vielfache Aeusserungen

Descartes' wie die angeführte mögen zur Bildung dieser Ansicht mit beigetragen haben, als ob Descartes die von aussen bezogenen Ideen vernachlässige, oder gar für nichts erachte, als ob er die Erkenntniss der Dinge suche in einer vollständigen Entkörperung, in dem Minimum, was da bleibt, wenn man den Dingen die tonvolle, farbenreiche Wirklichkeit geraubt hat. Er ist davon weit entfernt.

Med. II pag. 12 sagt er: Videlicet jam lucem video, strepitum audio, calorem sentio; falsa haec sunt, dormio enim. At certe videre videor, audire, calescere, hoc falsum esse non potest, hoc est proprie quod in me sentire appelatur; atque hoc praecise sic sumptum, nihil aliud est quam cogitare.

Hier wird von unserem Philosophen das sentire unter das cogitare subsumiert. Aber in welcher Weise geschieht dies? Was ist das sentire, welches zugleich cogitare ist? Ist es vielleicht die Thätigkeit der Sinnesorgane die cogitare genannt wird? Oder der Vorgang, bei welchem unsere Sinnesorgane durch den äusseren Körper getroffen werden, d. h. der Vorgang, bei dem auf uns ein Reiz durch die Objektenwelt ausgeübt wird, welcher Reiz die Empfindung bewirkt? Nein, es ist der Umstand, dass ich videre videor, sentire videor, wodurch das sentire unter das cogitare subsumiert werden kann, d. h. das Glauben, das ich afficiert werde, das Mirbewusstwerden der Vorstellung, die ich durch Empfindung und Wahrnehmung bekomme, das die Vorstellung Percipieren. Die Anwendung des Wortes sentire hier ist wohl zu unterscheiden von der Anwendung des Wortes im Allgemeinen bei Descartes. Es ist unrichtig zu sagen, sentire ist bei Descartes eine Art cogitare. Wenn er sagt colorem sentio, so nennt er doch offenbar damit den Vorgang, wie unsere Sinne von dem Gegenstand getroffen werden und die Wahrnehmung der Farbe in uns bewirken. Die Frage, die wir uns hier beantworten müssen, lautet: Was versteht Descartes unter der Erkenntniss der Objektenwelt? Begnügt er sich dabei, die Eindrücke, welche wir von den vor uns stehenden Dingen bekommen, empirisch zu konstatieren, zu untersuchen, und auf diesem Wege möglichst viel objektiv zu erkennen und empirische Gesetze zu finden? Oder ist er stets nur darauf aus, die Dinge zu entkörpern, zu mathematisieren, zu geometrisieren, um sie in der Form der Ausdehnung zu denken, indem er dabei seine Sinne der bunten Mannigfaltigkeit verschliesst? Dabei bleibt nur etwas Allgemeines übrig, aber keine objektive Welt mehr. Ich möchte hier unseren Philosophen theilen in den systematischen Noologisten und den Empiristen. Wer möchte leugnen, dass Descartes uns hie und da als ein übertriebener Systematiker entgegentritt? Es ist nur in Bezug auf den ersten Faktor richtig, was K. Fischer Bd. I pag. 386 sagt:

«Descartes denkt die Natur d. h. er macht sie zum reinen Objekt, an dem nichts von menschlichem Zuthun haften soll»; er abstrahirt von allem, was wir in die Natur hineintragen vermöge der Empfindung und Phantasie, er entschleiert die Natur um deren nacktes Wesen zu erkennen. Wenn von allen sinnlichen Beschaffenheiten der Körper abstrahirt wird, so bleibt nur das abstrakte Wesen der Körper übrig, nämlich seine Räumlichkeit, oder seine Ausdehnung in Länge, Breite und Tiefe.» Es ist, wie gesagt, nur in Bezug auf einen Theil richtig und zutreffend, was die erwähnte Stelle sagt. Der Passus «er abstrahirt von allem, was wir in die Natur hineintragen vermöge der Empfindung und Phantasie» ist doch nur zutreffend für den destruktiven Theil seines Systems. Mit Hilfe der Objektenwelt entstehen in uns die sinnlichen Eigenschaften, und diese subjektiven Sinnesqualitäten bleiben auch nach Descartes für unsere Naturerkenntniss massgebend. Wir werden sehen, wie deutlich dies unser Philosoph selbst ausspricht. — Auf jene Weise bleibt allerdings nur die Ausdehnung als das Wesen des Körpers übrig, als der entkörperte Körper. Es ist das berühmte Beispiel mit dem Wachse, was Descartes bei dieser Ueberlegung verwendet. Aber eine derartige Naturerkenntniss ist doch bei Descartes nur zu konstatieren in dem destruktiven Theile seines Systems, wo er zu einem festen Grunde gelangen will, wo es ihm gar nicht um eine Erkenntniss der Objektenwelt zu thun ist, wo er mit kühnem prinzipiellem Zweifel anstürmt gegen alles, was nur im geringsten bezweifelt werden kann. Es ist hier die Frage berechtigt und nöthig: Zu welchem Zwecke untersucht der Philosoph in seiner zweiten Meditation das Wachs? Etwa um des Wachses selbst willen? etwa um dadurch zur Erkenntniss der Objektenwelt zu gelangen? Wozu verändert er das Wachs, um es dadurch gleichsam nackt auszuziehen? Es wird entkleidet, bis ich nur noch etwas Ausgedehntes habe; das Ausgedehnte wird dann gedacht. Es wird dann lumine naturali erschlossen, dass ich bin, wenn ich denke, wenn ich dies Wachs denke, aber nicht qua Wachs, sondern als ein geometrisches Raumgebilde, oder wenn ich es zu denken glaube. Es werden hier die Körper entschleiert, gedacht, damit das Ich eine äussere materiale Stütze habe. Denn wenn ich das Wachs denke oder zu denken glaube, so ist es unmöglich, dass ich nicht ein denkendes Wesen bin. Ausser dem formalen «ich denke» enthält dieser Satz noch eine materiale Stütze. Aus folgender Stelle scheint mir klar hervorzugehen, dass Descartes hier nicht die Körper der Naturerkenntniss halber untersucht, sondern, wenn ich mich so ausdrücken darf, rationalistischer Zwecke willen.

Med. II p 14. Porro autem si magis distincta visa sit cerae perceptio postquam mihi non ex solo visu, vel tactu, sed pluribus ex causis innotuit, quanto distinctius me ipsum a me nunc cognosci fatendum est, quandoquidem nullae rationis vel ad cerae, vel ad cujuspiam alterius corporis perceptionem possint juvare, quin eaedem omnes mentis meae naturam melius probent? Sed et alia insuper tam multa sunt in ipsa mente, ex quibus ejus notitia distinctior reddi potest, ut ea quae ex corpore ad illam emanant vix numeranda videantur.

Es kann nach dieser Stelle kein Zweifel sein wie die Erörterungen der Objektenwelt in dem destruktiven Theile der Meditationen aufzufassen sind. Auf Grund der Principia liesse sich die Frage noch weiter verfolgen; ich will mir dies jedoch hier erlassen.

Kommen wir nach der Erledigung dieses Punktes zu unserer Frage zurück: «Was versteht Descartes unter der Erkenntniss der Objektenwelt?» Was die Lehren von der Empfindung und Wahrnehmung angehen, so will ich einige Stellen beibringen, die darüber gar keinen Zweifel lassen, wie der Philosoph sich den Vorgang dachte.

Med. VI p. 40. Jam vero est quidem in me passiva quaedam facultas sentiendi, sive ideas rerum sensibilium recipiendi et cognoscendi, sed ejus nullum usum habere possem, nisi quaedam activa etiam existeret, sive in me, sive in alio facultas istas ideas producendi, vel efficiendi. Atque haec sane in me ipso esse non potest, quia nullam plane intellectionem praesupponit, et me non cooperante, sed saepe etiam invito ideae istae producuntur.

Genau die Locke'sche Ansicht nicht nur, sondern auch Darstellungsweise! In dem Folgenden wird dann von Descartes diese activa facultas in die Dinge verlegt, als die causa agens für die Empfindungen und Wahrnehmungen im Menschen. Die gewirkten Vorstellungen müssen eine Ursache haben. Gott selbst kann diese Ursache nicht sein, ich ebenfalls nicht. Die Ursache der Vorstellungen muss in den Dingen liegen, sonst würde Gott mich täuschen. Denn eine grosse Neigung treibt mich immerwährend an, sie als von ausser mir liegenden Dingen kommend anzusehen. Hier gibt der Philosoph einem Drang der Natur, wenn man so will, einem unverstandenen Gefühle nach. Er steht damit vollständig auf dem Boden des Empirismus, der eben einfach die Thatsachen konstatiert, konstatiert das unabweisbare Gefühl, die sinnlichen Vorstellungen als von den Dingen da draussen gewirkt anzusehen und für diese Ideen Gesetze zu finden. Der Ausdruck, den Descartes dafür auswirft, ist doctum a natura esse; diese doctio naturae spielt in dem cartesianischen System eine grosse Rolle. Es ist dieser Trieb der Natur unwiderstehlich, es ist gleichsam das lumen naturale der Sinnlichkeit. Dieser doctio naturae werden grosse Einräumungen von Descartes gemacht, sie ist der Grundstein für den Aufbau der Objektenwelt. Durch sie gelangen wir von den Ideen in unserem Ich hinaus zu der Objektenwelt; mit unerklärtem und doch unwiderstehlichem Drang weist sie uns dorthin.

Descartes redet von diesem Naturdrang ausführlicher Med. VI pag. 41: Sed ne quid in hac re non satis distincte percipiam, accuratius debeo definire quid proprie intelligam, cum dico me aliquid doceri a natura; nempe hic naturam strictius sumo, quam pro complexione eorum omnium quae mihi a Deo tributa sunt; in hac enim complexione multa continentur quae ad mentem solam pertinent, ut quod percipiam id quod factum est infectum esse non posse, et reliqua omnia quae lumini naturali sunt nota de quibus hic non est sermo; multa etiam quae ad solum corpus spectant, ut quod deorsum tendat, et similia de quibus etiam non ago, sed de iis tantum quae mihi ut composito ex mente et corpore a Deo tributa sunt; ideoque haec natura docet quidem ea refugere quae sensum doloris inferunt, et ea prosequi quae sensum voluptatis, et talia: sed non apparet illam praeterea nos docere ut quicquam ex istis sensuum perceptionibus sine praevio intellectus examine de rebus extra nos positis concludamus, quia de iis verum scire ad mentem solam, non autem ad compositum videtur pertinere.

Es ist dies keine genaue Definition, sondern eine ungefähre Angabe dessen, was Descartes sich darunter dachte. Der Mensch, insofern dieser Trieb auf ihn wirkt, ist ein compositum aus Geist und Körper im Gegensatz zu dem Ich, dem denkenden Ich, welches mit dem lumen naturale begabt ist. Der Mensch als dies compositum aus Geist und Körper wird unwillkürlich getrieben Gewisses zu thun, Gewisses zu meiden, Gewisses für wahr zu halten etc. Der Mensch soll nun das, wozu ihn die doctio naturae antreibt, nicht blindlings thun, sondern der Verstand soll dabei gleichsam die Oberaufsicht führen. Indessen ist doch in dem, wozu dieser Trieb mich bestimmt, immer etwas Wahres enthalten (Med. VI).

Die Natur also treibt mich an, die sinnlichen Vorstellungen als von Dingen ausserhalb meiner kommend anzusehen. Descartes beruhigt sich nicht bei diesem Trieb von Seiten der Natur, er schliesst darauf fussend:

Med. VI pag. 41. Et certe ex eo quod valde diversos sentiam colores, sonos, odores, sapores, calorem, duritiem, et similia, recte concludo, aliquas esse in corporibus, a quibus variae istae sensuum perceptiones adveniunt, varietates iis respondentes, etiamsi forte iis non similes.

Descartes will also nicht die Natur «denken», sondern er will sie mit Hilfe von Sinnlichkeit und Verstand so viel als möglich erkennen. Zu diesem Zweck zieht er hier den Schluss, dass meinen sinnlichen Vorstellungen, die mir von den Dingen zugekommen sind, oder durch Anstoss und Veranlassung der Dinge gebildet worden sind, in den Dingen Qualitäten entsprechen, wenn sie auch den Vorstellungen, die ich davon habe, nicht ähnlich sind. Hiermit sind wir zu der Frage von tief einschneidender Bedeutung gelangt: Was ist das, was in den Dingen unseren Vorstellungen entspricht? Es ist die Frage, welche den Unterschied zwischen ersten und zweiten Eigenschaften betrifft, die Objektivität der mathematischen und die Subjektivität der sensiblen Eigenschaften. Diese Lehre findet sich in dem cartesianischen System nicht nur in dem einen oder anderen Punkte vorbereitet und angedeutet, sondern sie ist vollständig und ausführlich darin enthalten. In der Geschichte der Philosophie wird diese Lehre als ein Hauptpunkt in der Lehre Locke's angeführt, und man kann wohl behaupten, dass bei der Behandlung des Punktes bei Locke Descartes etwas in den Hintergrund tritt, und nicht immer genügend als derjenige betont wird, dem doch das Prioritätsrecht gebührt. (Ueber den Streit ob zuerst Descartes oder Hobbes die Lehre zuerst niedergeschrieben cf. Cap. VI.) Es darf billigerweise bezweifelt werden, ob Locke ohne Descartes zur vollen Klarheit über diesen Punkt gekommen wäre. Unstreitig gebührt Locke das Verdienst der ersten systematischen Behandlung und der ersten klaren Formulierung. Jedenfalls aber sollte man in der Historiographie der Philosophie das Prioritätsrecht des Descartes mekr urgieren, als dies in einigen Darstellungen der Geschichte der Philosophie geschieht (Ueberweg ed. Heinze 1880 sagt z. B. über diesen Punkt bei Descartes nichts, und bei der Darstellung der Sache nach Locke könnte man glauben, Locke sei der erste der die Lehre zuerst verbreitet habe.) Diese Erscheinung ist psychologisch leicht erklärlich In meisterhafter, einfacher und präciser Form tritt uns die Lehre bei Locke entgegen, zum ersten Male mit den Benennungen, an die wir heute gewöhnt sind; aus dem cartesianischen Systeme hingegen muss man die Lehre mit Mühe erst gleichsam herauspräparieren.

Gehen wir zur näheren Behandlung der Frage über. Zuerst werde ich die Darstellung nach Locke geben, die Hauptstellen herbeiziehen, um dann das, was Descartes darüber sagt, anzureihen, damit auch ersichtlich werde, was Locke von Descartes gelernt haben kann. — Vor allem muss streng unterschieden werden zwischen den Vorstellungen in der Seele und den Eigenschaften in den Dingen, eine Lehre, die nach der obigen Stelle auch von Descartes schon ganz klar vorgetragen worden ist. Es handelt sich dann um die weitere Frage, wie sich diese Vorstellungen in der Seele zu den Eigenschaften in den Dingen verhalten, ob das in den Dingen unseren Vorstellungen Korrespondierende mit den Vorstellungen sich deckt. In Bezug darauf sagt Locke.

II, 8, 9. Qualities thus considered in bodies are, First, such as are utterly inseparable from the body in what estate soever it be; such as, in all the alterations, and changes it suffers, all the force can be used upon it, it constantly keeps; and such as sense constantly finds in every particle of matter which has bulk enough to be perceived, and the mind finds inseparable from every particle of matter, though less than to make itself singly be perceived by our senses: v. g. take a grain of wheat, divide it into two parts, each part has still solidity, extension, figure, and mobility; divide it again, and it still retains the same qualities: and so divide it on, till the parts become insensible, they must retain still each of them all those qualities. For, division (which is all that a mill or pestle or any other body does upon another, in reducing it to insensible parts) can never take away either solidity, extension, figure, or mobility from any body, but only makes two or more distinct separate masses of matter of that which was but one before; all which distinct masses, reckoned as so many distinct bodies, after division, make a certain number. These I call original or primary qualities of body, which I think we may observe to produce simple ideas in us, viz. solidity, extension, figure, notion or rest, and number.

Welche Kriterien stellt Locke nun für diese primariae qualitates auf?

1) Sie bestehen und sind unzerstörbar mit den Körpern selbst, sie bleiben, mögen wir die Körper ummodeln, wie wir wollen.

2) Sie bestehen nicht nur mit ihren Merkmalen in uns als Ideen, sondern

sie existieren ebenso in den Dingen als Eigenschaften, d. h. wir können von ihnen eine adäquate Erkenntniss gewinnen

Das erste ergibt sich aus der oben angeführten Stelle, das zweite Kriterium fixiert L o c k e in folgenden beiden Stellen.

II, 8, 17. The particular bulk, number, figure, and motion of the parts of fire or snow are really in them, whether any one's senses perceive them or no; and therefore they may be called real qualities, because they really exist in those bodies. But light, heat, whiteness, or coldness, are no more really in them than sickness or pain is in manna. Take away the sensation of them; let not the eyes see light or colours, nor the ears hear sounds; let the palate not taste, nor the nose smell; and all colours, tastes, odours, and sounds, as they are such particular ideas, vanish and cease, and are reduced to their causes, i. e., bulk, figure, and motion of parts.

II, 8, 15. From whence I think it is easy to draw this observation, that the ideas of primary qualities of bodies are resemblances of them, and their patterns do really exist in the bodies themselves.

3) Als drittes Kriterium für die ersten Eigenschaften können wir aufstellen: Sie bewirken durch ihre erkennbaren Beschaffenheiten in den Dingen die zweiten Eigenschaften in uns. Dies geht hervor aus: (Cf. auch die oben angeführte Stelle II, 8, 17 am Ende.)

II, 8, 18. A piece of manna of a sensible bulk is able to produce in us the idea of a round or square figure; and, by being removed from one place to another, the idea of motion This idea of motion represents it as it really is in the manna moving; a circle or square are the same, whether in the idea or existence, in the mind or in the manna; and this both motion and figure are really in the manna, whether we take notice of them or no: this every body is ready to agree to. Besides, manna, by the bulk, figure, texture, and motion of its parts, has a power to produce the sensations of sickness, and sometimes of acute pains or grippings, in us. That these ideas of sickness and pain are not in the manna, but effects of its operations In us and are nowhere when we feel them not; this also every one readily agrees to. And yet men are hardly to be brought to think that sweetness and whiteness are not really in manna, which are but the effects of the operations of manna by the motion, size, and figure of its particles on the eyes and palate; as the pain and sickness caused by manna, are confessedly nothing but the effects of its operations on the stomach and guts by the size, motion, and figure of its insensible parts (for by nothing else can a body operate, as has been proved.): as if it could not operate on the eyes and palate, and thereby produce in the mind particular distinct ideas which in itself it has not, as well as we allow it can operate on the guts and stomach, and thereby produce distinct ideas which in itself it has not. These ideas being all effects of the operations of manna on several parts of our bodies, by the size, figure, number, and motion of its parts, why those produced by the eyes and palate should rather be thought to be really in the manna than those produced by the stomach and guts: or why the pain and sickness, ideas that are the effects of manna, should be thought to be nowhere when they are not felt: and yet the sweetness and witheness, effects of the same manna on other parts of the body, by ways equally as unknown, should be thought to exist in the manna, when they are not seen nor tasted; would need some reason to explain.

II, 8, 23. The power that is in anybody, by reason of its insensible primary qualities, to operate after a peculiar manner on any of our senses, and thereby produce in us the different ideas of several colours, sounds, smells, tastes, etc. These are usually called sensible qualities

Es steht nun die Frage offen, wie diese ersten Eigenschaften, von denen wir die Kriterien angeführt haben, auf uns einwirken, um in uns sowohl ihr Ebenbild, als auch die zweiten Eigenschaften zu bewirken. Diese Frage beantwortet uns Locke:

II, 8, 11. The next thing to be considered is, how bodies produce ideas in us; and that is manifestly by impulse, the only way, which we can conceive bodies operate in.

Locke erläutert uns diese seine Ansicht, wie Körper auf uns einwirken können:

II, 8, 12. If, then, external objects be not united to our minds when they produce ideas in it, and yet we perceive these original qualities in such of them as singly fall under our senses, it is evident that some motion must be thence continued by our nerves or animal spirits, by some parts of our bodies, to the brain or seat of sensation, there to produce in our minds the particular ideas we have of them. And since the extension, figure, number and motion of bodies of an observable bigness, may be perceived at a distance by the sight, it is evident some singly imperceptible bodies must come from them to the eyes and thereby convey to the brain some motion which produces these ideas which we have of them in us.

Klar und präcis hat über diesen Punkt in diesen beiden Stellen Locke seine Ansicht niedergelegt; kein Zweifel ist darüber möglich. Durch Stoss wirken die ersten Eigenschaften auf unsere Sinnesorgane und bewirken so ihr eigenes Ebenbild und die zweiten Eigenschaften. Dieses Wirken geht in der Weise von Statten, dass sich kleine unwahrnehmbare Theilchen loslösen von jenen Gegenständen, welche die Empfindung bewirken; diese, ich möchte den Ausdruck bilden, Empfindungsatome treffen unsere Sinnesorgane für Gesichts-, Gehör- und Geruchsempfindungen; bei den Tast- und Geschmacksempfindungen wirken die Körper unmittelbar auf uns ein.

Was sind nun nach Locke diese zweiten Eigenschaften?

II, 8, 10. Such qualities which in truth are nothing in the objects themselves, but powers to produce various sensations in us by their primary qualities, i. e., by the bulk, figure, texture, and motion of their insensible parts, as colours, sounds tastes etc.: these I call secondary qualities.

Die Frage, wie diese zweiten Eigenschaften in uns die ihnen korrespondierenden Ideen bewirken, resp. wie diese Ideen in uns bewirkt werden, beantwortet uns L o c k e:

II, 8. 13. After the same manner that the ideas of these original qualities are produced in us, we may conceive that the ideas of secondary qualities are also produced, viz. by the operations of insensible particles on our senses. For it being manifest that there are bodies, and good store of bodies, each whereof are so small that we cannot by any of our senses discover either their bulk, figure, or motion (as is evident in the particles of the air and water, and other extremely smaller than those, perhaps as much smaller than the particles of air or water as the particles of air or water are smaller than pease or hailstones): let us suppose at present that the different motions and figures, bulk and number, of such particles, affecting the several organs of our senses, produce in us those different sensations which we have from the colours and smells of bodies, v. g. that a violet, by the impulse of such insensible particles of matter of peculiar figures and bulks, and indifferent degrees and modifications of their motions, causes the ideas of the blue colour and sweet scent of that flower to be produced in our minds; it being no more impossible to conceive that God should annex such ideas to such motions with which they have no similitude, than that he should annex the idea of pain to the motion of a piece of steel dividing our flesh, with which that idea hath no resemblance.

Die von L o c k e als dritte Eigenschaften aufgenommenen «Kräfte» bringen nichts Neues hinzu, was von erkenntnisstheoretischem Interesse wäre; L o c k e sagt selbst, wenn man die Wirkung der Sonne betrachtet in Beziehung auf uns, so sind Hitze etc. zweite Eigenschaften; betrachtet man dagegen die Wirkung derselben Sonne (d. h. die Wirkung derselben ersten Eigenschaften) rücksichtlich des Wachses, welches schmilzt, so sieht man die Weichheit nicht an als Eigenschaft der Sonne, sondern als Wirkung ihrer Kraft. Ob also eine Eigenschaft als zweite Eigenschaft (Weichheit des Wachses) aufgefasst wird, oder als Wirkung einer Kraft (ebenfalls Weichheit des Wachses) hängt nur von der Art und Weise unserer Beziehung ab.

Fassen wir diese für die Erkenntnisstheorie ungemein wichtige Lehre nach der L o c k e'schen Darstellung zusammen:

Durch die Fähigkeit, sinnliche Eindrücke aufzunehmen, erfahren wir etwas von einer Körperwelt. Diese Körperwelt soll soviel als möglich erkannt werden. Aber wir können nur in und durch Ideen erkennen, und die Dinge da draussen bestehen als Gegenstände, als Substanzen mit ihren Attributen. Wir bekommen nur Ideen, dort entsprechen Eigenschaften. Diese Eigenschaften sind doppelter Natur.

1) **Erste Eigenschaften**: Dichtheit, Ausdehnung, Gestalt, Beweglichkeit und Ruhe, Zahl, die man mathematische Eigenschaften nennen könnte. Diesen Eigenschaften entsprechen in uns Ideen, die den Qualitäten in den Dingen gleich sind, von diesen Eigenschaften können wir eine adäquate Erkenntniss haben.

2) **Zweite Eigenschaften**: sinnliche Eigenschaften, z. B. weiss, hart, süss u. s. w. Sie sind Eigenschaften subjektiver Natur, ihnen entspricht nichts Verwandtes in den Körpern, sie sind eine Wirkung der ersten Eigenschaften, die jedoch in einer Art in uns hervorgebracht werden, dass die dabei wirkenden Beschaffenheiten der ersten Eigenschaften nicht erkannt werden können, weil diese Beschaffenheiten wegen ihrer Kleinheit ausserhalb des Bereiches der Sinnlichkeit liegen.

Die Vorstellungen der ersten und der zweiten Eigenschaften werden in uns durch Stoss bewirkt, die einzig mögliche Art, wie Körper auf uns einwirken können. In Bezug auf die Art, wie sich L o c k e diesen Vorgang denkt, könnte man den Philosophen füglich mit den Atomistikern des Alterthums vergleichen. Er sagt ausdrücklich:

II, 8, 12. And since the extension, figure, number, and motion of bodies of an observable bigness, may be perceived at a distance by the sight, it is evident some singly imperceptible bodies must come from them to the eyes, and thereby convey to the brain some motion which produces these ideas which we have of them in us.

Es ist ganz die Lehre von den εἴδωλα eines D e m o c r i t oder eines E p i c u r, ganz die Lehre, dass von den Körperoberflächen Bilder (τύποι) ausgehen, um ihren Weg durch einen Zwischenraum zu unserem Gesicht und unserem Verstande zu nehmen.

Diog. Laert. X, 48: πρός τε τούτοις, ὅτι ἡ γένεσις τῶν εἰδώλων ἅμα νοήματι συμβαίνει. καὶ γὰρ ῥεῦσις ἀπὸ τῆς τῶν σωμάτων ἐπιπολῆς συνεχὴς συμβαίνει, οὐκ ἐπίδηλος αἰσθήσει διὰ τὴν ἀνταναπλήρωσιν etc

Diog. Laert. X, 49: δεῖ δὲ καὶ νομίζειν, ἐπεισιόντος τινὸς ἀπὸ τῶν ἔξωθεν, τὰς μορφὰς ὁρᾶν ἡμᾶς καὶ διανοεῖσθαι.

T. Lucreti Cari «de rerum natura» IV, 26:

> Atque animi quoniam docui natura quid esset
> Et quibus e rebus cum corpore compta vigeret
> Quove modo distracta rediret in ordia prima,
> Nunc agere incipiam tibi quod vementer ad has res
> Attinet, esse ea quae rerum simulacra vocamus;
> Quae, quasi membranae summo de corpore rerum
> Dereptae, volitant ultroque citroque per auras.

Atque eadem nobis vigilantibus obvia mentes
Terrificant atque in somnis, cum saepe figuras
Contuimur miras simulacraque luce carentum,
Quae nos horrifice languentis saepe soporo
Excierunt.

Was sagt zu dieser ganzen Lehre Cartesius? Hat er den Unterschied zwischen ersten und zweiten Eigenschaften schon deutlich erkannt und erörtert? Was sagt er von den ersten, was von den zweiten Eigenschaften? Dies sind die Fragen, die uns jetzt zu beschäftigen haben.

Med. VI pag. 37. Soleo vero alia multa imaginari praeter illam naturam corpoream, quae est purae Matheseos objectum, ut colores, sonos, sapores, dolorem, et similia, sed nulla tam distincte; et quia haec percipio melius sensu, a quo videntur ope memoriae ad imaginationem pervenisse; ut commodius de ipsis agam eadem opera etiam de sensu est agendum, videndumque an ex iis quae isto cogitandi modo, quem sensum appello percipiuntur certum aliquod argumentum pro rerum corporearum existentia habere possim.

Hier sind von Descartes genau dieselben Eigenschaften unterschieden, und zwar mit derselben Deutlichkeit und demselben Bewusstsein wie bei Locke.

1) Die natura corporea quae est purae Matheseos objectum,
2) colores, sapores, dolor et similia.

In der eben citierten Stelle begegnen wir dem Begriffe der imaginatio, den wir hier behandeln wollen, einerseits weil der Begriff in dem cartesianischen System eine wichtige Rolle spielt und vielleicht nicht ohne Descartes, Einfluss in der Folgezeit eine reiche Weiter- und Ausbildung erfahren hat, andererseits weil das vielfache Verwenden desselben bei Descartes und das Fehlen bei Locke einen Einblick gewähren in die Denkungsart beider Philosophen, der in psychologischer Beziehung recht interessant ist.

Locke hat als ideenliefernde Kräfte zwei Vermögen in uns konstatiert: sensation und reflexion. Descartes hat ebenso diesen entsprechend die pura intellectio oder pura intelligendi vis, und jener entsprechend den sensus. Nun finden wir aber in der obigen Stelle die Worte haec .. percipio sensu a quo videntur ope memoriae ad imaginationem pervenisse. Was ist diese imaginatio? Eine strikte Definition hat uns Descartes nirgends gegeben; was er sich aber darunter vorstellt, geht aus folgender Darstellung Descartes' hervor.

Med. VI pag 36. Quod ut planum fiat, primo examino differentiam quae est inter imaginationem et puram intellectionem. Nempe, exempli causa, cum triangulum imaginor, non tantum intelligo illud esse figuram tribus lineis comprehensam, sed simul etiam istas tres lineas tamquam praesentes acie mentis intueor; atque hoc est quod imaginari appelo. Si vero de chiliogono velim cogitare, equidem aeque bene intelligo illud esse figuram constantem mille lateribus, ac intelligo triangulum esse figuram constantem tribus, sed non eodem modo illa mille latera imaginor, sive tamquam praesentia intueor;

6

et quamvis tunc, propter consuetudinem aliquid semper imaginandi, quoties de re corporea cogito, figuram forte aliquam confuse mihi repraesentem, patet tamen illam non esse chiliogonum, quia nulla in re est diversa ab ea quam mihi etiam repraesentarem, si de myriogono, aliave quavis figura plurimorum lateram cogitarem . . . et manifeste hic animadverto mihi peculiari quadam animi contentione opus esse ad imaginandum; qua non utor ad intelligendum; quae nova animi contentio differentiam inter imaginationem et intellectionem puram clare ostendit. D. h. Descartes definiert nicht die imaginatio, sondern er zeigt uns, was wir zu thun haben, um intuitiv den Begriff zu erfassen, wie die pura intellectio auch

Ibid. Ad haec considero istam vim imaginandi quae in me est, prout differt a vi intelligendi, ad mei ipsius, hoc est, ad mentis meae essentiam non requiri; nam quamvis illa a me abesset, procul dubio manerem nihilominus ille idem, qui nunc sum; unde sequi videtur illam ab aliqua re a me diversa pendere; atque facile intelligo: si corpus aliquod existat cui mens sit ita conjuncta ut ad illud veluti inspiciendum pro arbitrio se applicet, fieri posse, ut per hoc ipsum res corporeas imaginer; adeo ut hic modus cogitandi in eo tantum a pura intellectione differat, quod meus, dum intelligit, se ad seipsam quodammodo convertat, respiciatque aliquam ex ideis, quae illi ipsi insunt, dum autem imaginatur, se convertat ad corpus, et aliquid in eo ideae vel a se intellectae, vel sensu perceptae conforme intueatur.

Was dachte sich hiernach Descartes unter der imaginatio? Wie unterscheidet sich das von ihr geleistete von dem, was von der pura intelligendi vis geleistet wird, wie von dem von den sensus geleisteten? Wie unterscheidet sie sich von den Vermögen der pura intellectio und des sensus selbst? Hat Locke in seinem Essay concerning human understanding davon ebenfalls Gebrauch gemacht?

Die intellectio pura ist das vollständige Erfassen einer Vorstellung durch Intuition, ist das Erfassen der Ideen, die mit dem Ich als einer substantia cogitans auf einer Linie stehen. Das Kriterium der Wahrheit bei diesem Erkenntnissakt ist clare et dictincte. Die idea sensu percepta ist eine Einzelvorstellung, die in unser Bewusstsein Einlass bekommen hat durch die Sinne, z. B. eine Farbe, ein Geschmack, ein Ton u. s. w. Die imaginatio ist weder das eine noch das andere; sie ist beschränkter als die intellectio, weiter als der sensus oder die sentiendi vis, sie hat etwas von beiden, sie steht zwischen beiden. Sie ist die Funktion unseres Ich, durch die es irgend eine Vorstellung aus dem Gedächtniss produciert oder reproduciert. Die Elemente dieser Vorstellungen sind sinnlicher Natur. Es ist, wenn man so will, die sinnliche Intuition, d. h. die Geistesfunktion, durch die ich mir irgend einen Gegenstand sinnlich vorstelle, mir davon ein lebhaftes Bild vorstelle, ohne dass der Gegenstand vor meinen Sinnesorganen anwesend ist. Es ist die Funktion, welche uns bei Kant als Einbildungskraft begegnet. Kant, Kr. d. r. V. s. 650: «Der Sinn stellt die Erscheinungen empirisch in der Wahrnehmung vor, die Einbildungskraft in der Association (und Reproduktion), die Apperception in dem empirischen Bewusstsein der Identität dieser reproduktiven Vorstellungen mit den Erscheinungen, dadurch sie gegeben waren, mithin in der Recognition.» Wenn nun auch die imaginatio eine viel untergeordnetere Rolle spielt, als bei K a n t die Einbildungskraft (nam quamvis illa a me abesset procul dubio manerem nihilominus ille idem qui nunc sum), wenn auch Descartes noch nicht die Funktionen der Einbildungskraft in Gestalt von Association und Reproduktion erkannt hat, so hat er doch schon die «drei subjektiven Erkenntnissquellen, worauf die Möglichkeit einer Erfahrung überhaupt und Erkenntniss der Gegenstände derselben beruht,» (K a n t, Kr. d. r. V. der Deduction der reinen Verstandesbegriffe dritter Abschnitt) deutlich unterschieden : intelligendi vis, imaginatio und sentiendi vis. — Nehmen wir uns zur weiteren Behandlung der imaginatio ein Beispiel: Es steht vor mir ein runder Tisch. Alles, was ich von ihm wissen kann, werde ich in Folgendem haben : seine mathematischen Eigenschaften werde ich erkennen, ich werde ihn als Ganzes bildlich vorstellen, klar und deutlich bildlich vorstellen, ohne meine Augen auf ihn gewendet zu haben, ich werde seine Farbe, Härte u s. w. auf dem Empfindungswege konstatieren können. So kann ich mir ein Dreieck bildlich vorstellen, ohne dass ich davon eine Ahnung habe, dass seine Winkel zwei Rechten gleich sind; ich kann, wenn es ein körperliches Dreieck ist, von seiner Farbe und seinen andern sinnlichen Qualitäten absehen: es handelt sich bei der Imagination nur darum, die Form gleichsam vor meinem geistigen Auge zu haben. So steht die imaginatio in dem cartesianischen Systeme zwischen intellectio und sensus. Ein komplizierteres Gebilde werde ich als Ganzes verworren sinnlich wahrnehmen, ich werde es auch nicht clare et distincte bildlich vorstellen, damit ich es aber denken kann, muss ich es entkörpern, allerdings bleibt mir dann von der bunten, lebensvollen Wirklichkeit nur etwas Abstraktes, Ausgedehntes, Leeres übrig. D e s c a r t e s nun für einen Philosophen lediglich der pars intellectio erklären, heisst ihn verkleinern, heisst ihm zwei philosophische Gebiete, die er wohl angebaut hat, in den Augen der Nachwelt entreissen.

Wie steht L o c k e zu dieser imaginatio? L o c k e hat eine solche dreifache Unterscheidung unserer Erkenntnissquellen nicht gemacht Er konstatiert die möglichen und wirklichen Vorstellungsarten, fragt sich, woher die Vorstellungen stammen, findet als die beiden Quellen sensation und reflexion. Das bildliche Vorstellen ist für L o c k e ein Wahrnehmungs- oder Gedächtnissakt ; wir dürfen sagen, dass sich in Bezug auf diesen Punkt D e s c a r t e s als ein feinerer Psychologe zeigt, als L o c k e. Einer Einzelbehandlung wird die imaginatio bei L o c k e nicht gewürdigt. — Versuchen wir uns diese Thatsache aus dem ganzen Gedankengang der beiden Philosophen zu erklären : D e s c a r t e s hat an dem Anfange seines Systemes seinen Geist und sein Denken «entvölkert», bis ihm schliesslich nichts mehr übrig geblieben war, als sein einsames Ich. Dann rekonstruiert er: er geht von dem Denken zum bildlichen Vorstellen (wobei das Körperliche ja eine gewisse Rolle spielt), von da zu dem Wahrnehmen und Empfinden weiter. L o c k e hat einen solchen skeptischen Weg nicht genommen, er ist positiver. Es genügt ihm durch sein Denken die einzelnen Vorstellungen zu erfassen, auf ihre immanente Wahrheit hin zu prüfen. D e s c a r t e s betont, wenigstens in dem ersten Theile seines Systemes mehr die innere Erfahrung : er hat dort nur das Denken, das Ich mit seinen Fähigkeiten. Die hier gewonnenen Erkenntnisse sind unmittelbar, sind intuitiver Natur, sind desshalb unangreifbar. Von da geht dann D e s c a r t e s weiter zu den Objekten der Aussenwelt; aber er ist nicht der Idealist, der skeptische Idealist, der an einer empirischen Naturerkenntniss verzweifelt. Mit der grössten Begeisterung wendet er sich gleich seinem oft als Antipoden bezeichneten älteren Zeitgenossen B a c o v o n V e r u l a m der Erforschung der Natur zu. Zu sagen, «das bacoische Bekenntniss fordere das cartesianische heraus», dürfte sich doch nur in Bezug auf die Metaphysik richtig erweisen ; in methodologischer, in erkenntnisstheoretischer Hinsicht fordert B a c o D e s c a r t e s so wenig heraus, dass vielmehr eine Uebereinstimmung zwischen beiden Denkern konstatierbar ist. Locke stellt von Anfang an sensation und reflexion auf eine Stufe; ihm ist eine durch den äusseren Sinn gewonnene Vorstellung so viel werth, als eine, die der innere Sinn geliefert hat, wenn anders sie nur klar und deutlich als wahr erkannt ist. Hören wir ihn in Bezug darauf.

B. IV, 2, 1 (schon theilweise pag. 57 verwandt). All our knowledge consisting, as I have said, in the view the mind has of its own ideas, which is the utmost light and greatest certainty we, with our faculties and in our way of knowledge, are capable of, it may not be amiss to consider a little the degrees of its evidence. The different clearness of our knowledge seems to me to lie in the different way of perception the mind has of the agreement or disagreement of any of its ideas. For if we will reflect on our own ways of thinking, we shall find that sometimes the mind perceives the agreement or disagreement of two ideas immediately by themselves. without the intervention of any other: And this, I think, we may call intuitive knowledge. For in this the mind is at no pains of proving or examining, but perceives the truth, as the eye doth light, only by being directed towards it. Thus the mind perceives that white is not black, that a circle is not a triangle, that three are more than two, and equal to one and two (black und triangle auf einer Stufe). Such kind of truths the mind perceives at the first sight of the ideas together, by bare intuition. without the intervention of any other idea ; and this kind of knowledge is the clearest and most certain that human frailty is capable of. This part of knowledge is irresistible, and like bright sunshine, forces itself immediately to be perceived as soon as ever the mind turns its view that way; and leaves no room for hesitation, doubt, or examination, but the mind is presently filled with the clear light of it.

Es dürfte sich kaum eine Stelle in seinem Werke finden lassen, die für den Forschungsgang L o c k e ' s psychologisch interessanter wäre als diese.

Wir kommen von der Erörterung des cartesianischen Begriffes der imaginatio zurück zu der Frage, ob Descartes schon erste und zweite Eigenschaften unterschieden hat, und was er von der Realität dieser Eigenschaften und von der Realität der Körperwelt sagt. Indem ich auf die pag. 81 angeführte Stelle (Med. VI p. 37) verweise, führe ich noch als Beweis dafür, dass jene Unterscheidung von Descartes klar durchgeführt ist, folgende Stelle an:

Med. VI pag. 37. Foris vero, praeter corporum extensionem, et figuras, et motus, sentiebam etiam in illis duritiem, et calorem, aliasque tactiles qualitates; ac praeterea lumen, et colores, et odores, et sapores et sonos, ex quorum varietate caelum, terram, maria et reliqua corpora ab invicem distinguebam; nec sane absque ratione ob ideas istarum omnium qualitatum quae cogitationi meae se offerebant, et quas solas proprie et immediate sentiebam, putabam me sentire res quasdam a mea cogitatione plane diversas, nempe corpora a quibus ideae istae procederent.

Was sagt nun Descartes von den ersten Eigenschaften? Sie sind purae Matheseos objectum, sie können vollständig klar und deutlich erkannt werden, sie stehen z. B mit der Idee Gottes auf einer Linie, sie gehören zu den Ideen, die Descartes als ideae innatae κατ' ἐξοχήν bezeichnet. Ueber sie sagt sowohl Descartes als auch Locke, dass von ihnen eine adäquate Erkenntniss möglich sei. Nehmen wir nun noch hinzu, dass nicht nur die Ideen, die beide aufzählen, dieselben sind, sondern, dass auch vielfach die Reihenfolge derselben übereinstimmt, dann dürfte der Schluss auf eine direkte Beeinflussung des einen Philosophen von Seiten des anderen ein nicht zu gewagter sein. Dabei ist jedoch zu bemerken, dass Locke die solidity hier hinzugefügt und den andern vorangestellt hat. Der Beweggrund dafür ist klar. Descartes hat das Wesen des Körpers, insofern er Objekt der pura intellectio ist, als in der Ausdehnung bestehend angenommen. Er hat gleichsam bei der Entkleidung der Körperwelt zu viel weggenommen. Wenn Körper = Ausdehnung im Denken ist, dann können zwei Körper an derselben Raumstelle sein. Mit andern Worten: Die Schwäche des cartesianischen Gedankens liegt lediglich darin, dass er nicht genau geschieden hat zwischen dem geometrischen und physikalischen Körper: doch darf man nicht sagen, diese Schwäche sei in der ganzen Naturerkenntniss Descartes' enthalten; sie ist bloss darin enthalten, insofern diese Naturerkenntniss sich stützt auf die eine Erkenntnissquelle, nämlich auf die pura intellectio. Locke wehrt sich gegen eine derartige Zumuthung, wie Descartes sie damit stellt: er begreift Descartes' Schwäche nicht, er fühlt sie gleichsam bloss heraus. Demnach fällt denn auch das aus, was er dagegen bemerkt. Man bekommt nach ihm die Vorstellung der solidity durch das Gefühl; sie entsteht durch den Widerstand, den die Körperwelt uns entgegengesetzt. Der Tastsinn versieht uns mit dieser Eigenschaft. Es ist mehr ein instinktmässiges Ankämpfen von Seiten Locke's, als eine Bekämpfung auf Grund wissenschaftlicher Erkenntniss. Immerhin gebührt ihm das

Verdienst, der erste gewesen zu sein, der gegen diese Schwäche Descartes' sich, wenn auch nur gefühlsmässig, gewehrt hat.

Die Kongruenz der vorgestellten Ideen mit den ersten Eigenschaften in den Dingen ist bei Descartes eine klare Behauptung, so klar, wie bei Locke. Med. VI pag. 40. Non tamen forte omnes tales omnino existunt, quales illas sensu comprehendo; quoniam ista sensuum comprehensio in multis valde obscura est, et confusa; sed saltem illa omnia in iis sunt quae clare et distincte intelligo, id est omnia generaliter spectata, quae in purae Matheseos objecto comprehenduntur. In Bezug auf die ersten Eigenschaften dürfte damit die Uebereinstimmung Descartes' und Locke's nachgewiesen sein. Wie stellt sich die Sache nun bei den zweiten Eigenschaften? Ihr innerstes Wesen behauptete ja auch Locke nicht zu erkennen. Sie sind bei ihm Wirkungen der ersten Eigenschaften, wenn auch die Art, wie sie von diesen gewirkt werden, für Locke ein Räthsel bleibt. Descartes sagt von ihnen in Bezug auf ihre Erkennbarkeit:

Med. VI pag. 40. Quantum autem attinet ad reliqua quae vel tantum particularia sunt, ut quod sol sit magnitudinis, aut figurae etc. vel minus clare intellecta, ut lumen, sonus, dolor, et similia, quamvis valde dubia et incerta sint, hoc tamen ipsum quod Deus non sit fallax, quodque idcirco fieri non possit, ut ulla falsitas in meis opinionibus reperiatur, nisi aliqua etiam sit in me facultas a Deo tributa ad illam emendandam, certam mihi spem ostendit veritatis etiam in iis assequendae. Et sane non dubium est quin ea omnia quae doceor a natura aliquid habeant veritatis. Dies doceri a natura wird hier von Descartes zu Hilfe genommen um auf Grund der veracitas und bonitas Dei die Wirklichkeit der sinnlichen Wahrnehmung, insofern sie nicht clare et distincte erkannt werden kann, gegen die am Anfang in's Feld geführten Zweifelsgründe zu schützen. Das Wirken der Objektenwelt geschieht nach Descartes, wie nach Locke durch Stoss: es wird dies in Med. VI und oft in den Principia von Descartes behauptet, interessante physiologische Bemerkungen werden zugleich dabei vorgebracht. Jedoch ist dabei der Unterschied zu konstatieren, dass Descartes nicht jene atomistische Lehre acceptiert, sondern den ganzen Vorgang lediglich erklärt aus den Bewegungen in den Körpern und in unseren Nerven (Cf. Natorp 129 ff)

Wenn wir aus dem systematischen Hauptwerke Descartes, den Meditationen diese Lehre herausschälen können, so dass die Aehnlichkeit mit der lockeschen Behandlung kaum unbemerkt bleiben kann, so dürfte es in psychologischer Beziehung interessant sein, dass wir in kurzer Fassung in dem ersten Buch der Princ. Philos des Descartes diesen Punkt entwickelt finden, und zwar in frappanter Aehnlichkeit mit Locke, welche Aehnlichkeit sogar bis auf einzelne Wendungen in der Darstellung zu verfolgen ist. Ich verweise auf die breit gehaltene Darstellung des Gegenstandes bei Locke B. II Cap VIII und gebe:

Princ. Philos. § 70 B. I. Patet itaque in re idem esse, cum dicimus nos percipere colores in objectis, ac si diceremus nos percipere aliquid in objectis, quod quidem quid sit ignoramus, sed a quo efficitur in nobis ipsis sensus quidam valde manifestus et perspicuus, qui vocatur sensus colorum. In modo autem judicandi permagna est diversitas; nam quamdiu tantum judicamus aliquid esse in objectis (hoc est, in rebus, qualescunque demum illae sint, a quibus sensus nobis advenit) quod quidnam sit ignoramus, tantum abest ut fallamur, quin potius in eo errorem praecavemus, quod advertentes nos aliquid ignorare, minus proclives simus ad temere de ipso judicandum. Cum vero putamus nos percipere colores in objectis, etsi revera nesciamus quidnam sit, quod tunc nomine coloris appellamus, nec ullam similitudinem intelligere possimus, inter colorem quem supponimus esse in objectis, et illum quem experimur esse in sensu, quia tamen hoc ipsum non advertimus, et multa alia sunt, ut magnitudo, figura, numerus, etc. quae clare percipimus, non aliter a nobis neutiri vel intelligi, quam ut sunt, aut saltem esse possunt in objectis, facile in eum errorem delabimur, et judicemus id, quod in objectis vocamus colorem, esse quid omnino simile colori, quem sentimus, atque ita ut id, quod nullo modo percipimus a nobis clare percipi arbitremur.

Es hält schwer, wenn man nach der etwas weitschichtigen Darstellung Locke's diese Stelle liest, nicht daran zu denken, dass Locke bloss der Kommentator und ausführliche Bearbeiter des Gegenstandes sei; so ganz übereinstimmend behandeln die beiden Philosophen den Gegenstand. Die sachliche Uebereinstimmung tritt dadurch noch deutlicher hervor, dass wir, wie gesagt, bei Locke einzelne Anklänge und Wendungen, die an diese Stelle erinnern, finden, besonders aber dadurch, dass das erkenntnisstheoretische Interesse bei beiden auf dasselbe gerichtet und gleich stark urgiert ist.

Aber nicht nur das Wirken der Gegenstände auf unsere Sinnlichkeit, und die Erkennbarkeit dessen, was wir von der Objektenwelt wahrnehmen, wird von beiden in gleichem Sinn behandelt, sondern auch die subjektive Beschaffenheit unserer Sinnesorgane, und dieselben Worte werden für die Fähigkeiten ausgeworfen. Descartes hatte gesprochen von einer passiva quaedam vis sentiendi. Locke sagt darüber:

II, 1, 25. In this part the understanding is merely passive; and whether or no it will have these beginnings and, as it were, materials of knowledge, is not in its own power. For the objects of our senses do many of them obtrude their particular ideas upon our minds, wether we will or no; and the operations of our minds will not let us be without at least some obscure notions of them. No man can be wholly ignorant of what he does when he thinks. These simple ideas, when offered to the mind, the understanding can no more refuse to have, nor alter when they are imprinted, nor blot them out and make new ones itself than a mirror can refuse, alter or obliterate the images or ideas, which the objects set before it do therein produce. As the bodies that surround us do diversely affect the organs, the mind is forced to receive the impressions, and cannot avoid the perception of those ideas that are annexed to them. L o c k e tritt also hier ein für ein passives Vermögen, Vorstellungen von der Körperwelt zu empfangen, die dann so sein müssen, wie sie sind, die mit Gesetzmässigkeit in uns hervorgebracht werden. Ebendieselbe passiva facultas hat D e s c a r t e s angenommen und baut dann mit Hilfe dieses Vermögens und der veracitas Dei die Körperwelt, die er aus systematischen Gründen bezweifelt hatte, wieder auf.

Med. VI, pag. 40. Cum enim nullam plane facultatem mihi dederit (sc. Deus) ad hoc agnoscendum, sed contra, magnam propensionem ad credendum illas a rebus corporeis emitti, non video qua ratione posset intelligi ipsum non esse fallacem, si aliunde quam a rebus corporeis emitterentur: Ac proinde res corporeae existunt.

Nun weiter, als zu dieser magna ad credendum propensio hat es auch die Erkenntnisstheorie bis heute nicht gebracht, trotz dem kantischen Ding an sich, und es ist auch kein Weg zu finden, auf dem sie es überhaupt weiter bringen wird. Wenn hier diese magna propensio in metaphysischer Weise noch durch die veracitas Dei gestützt wird, so räumt sich D e s c a r t e s wiederum selbst geschaffene Schwierigkeiten weg. Nur mit der Hilfe Gottes kann er die Körperwelt aus dem Meere des Zweifels, in das er sie versenkt hat, zurückgewinnen. Er muss das Gebäude, was er niedergerissen hat, mit unbesiegbaren Zweifeln niedergerissen hat, mit Hilfe des unbesiegbaren Gottes wieder aufbauen. Bei dieser Rekonstruktion verfährt er aber in einer Weise, dass sein Schüler L o c k e viel von ihm lernen konnte. In der angeführten Stelle redet der Philosoph als Systematiker, am Ende seines Hauptwerkes, der Meditationen, aber findet sich ein Abschnitt, wo er diesen streng systematischen Weg verlässt und frei redet, wie er bei seiner Forschung denkt. Dass diese Stelle am E n d e dieses unvergänglichen, tiefdurchdachten Hauptwerkes unseres Philosophen steht, dürfte mit Recht auf das nachdrücklichste hervorgehoben und betont zu werden verdienen.

Atque haec consideratio plurimum juvat non modo ut errores omnes quibus natura mea obnoxia est animadvertam, sed etiam ut illos aut emendare aut vitare facile possim. Nam sane cum sciam omnes sensus circa ea quae ad corporis commodum spectant, multo frequentius verum indicare quam falsum, possimque uti fere semper pluribus ex iis ad eandem rem examinandam; et insuper memoria; quae praesentia cum praecedentibus conectit; et intellectu, qui jam omnes errandi causas perspexit, non amplius vereri debeo ne illa, quae mihi quotidie a sensibus exhibentur sint falsa, sed hyperbolicae superiorum dierum dubitationes ut risu dignae sunt explodendae; Praesertim summa illa de somno, quem a vigilia non distinguebam; nunc enim adverto permagnum inter utrumque esse discrimen in eo quod nunquam insomnia cum reliquis omnibus actionibus vitae a memoria conjungantur, ut ea quae vigilanti occurrunt; nam sane si quis dum vigilo mihi de repente appareret, statimque postea dispareret, ut sit in somnis, ita scilicet, ut nec unde venisset, nec quo abiret viderem, non immerito spectrum potius, aut phantasma in cerebro meo effictum, quam verum hominem esse judicarem: Cum vero eae res occurrunt quas distincte unde, ubi, et quando mihi adveniant adverto, earumque perceptionem absque ulla interruptione cum tota reliqua vita connecto, plane certus sum non in somnis, sed vigilanti occurrere. Nec de ipsarum veritate debeo vel minimum dubitare, si postquam omnes sensus, memoriam et intellectum ad illas examinandas convocavi, nihil mihi quod cum caeteris pugnet ab ullo ex his nuntietur.

Gegen ein derartig vollständig auf empirischem Standpunkte stehendes philosophisches Bekenntniss will der systematisch-metaphysische Schluss nichts bedeuten. Frei und unumwunden redet hier der Philosoph. Aber sein Bekenntniss ist so wenig durch das baconische herausgefordert, dass ebensogut Baco von Verulam diesen Passus geschrieben haben könnte; die darin ausgesprochenen Forschungsmaximen finden wir in Locke's Werk in derselben Weise vertreten. Mit dem Gefühl innerer Befriedigung sagt Descartes, dass wir bei dem rechten Gebrauch unserer Sinne, des Gedächtnisses und des Verstandes das zu dem Leben nöthige erkennen können; an den verschiedensten Orten spricht er dies gleich Locke aus. Er ist nicht der dogmatische Rationalist, der da von sich überzeugt ist, alles mit seiner Vernunft durchdringen und beleuchten zu können; ich darf mich nicht beklagen, sagt er in der vierten Meditation, dass Gott mir kein grösseres lumen naturale gegeben hat, weil es in der Natur des endlichen Verstandes liegt Vieles nicht zu erkennen. Hier redet Descartes, der Erforscher der Natur, der Philosoph, als Erkenntnisstheoretiker, der gestützt auf seine Anlagen und Fähigkeiten sich im Stande fühlt, die Natur zu erkennen, so weit dies dem Menschen verstattet ist.

Ich fasse das Resultat der Untersuchungen dieses Kapitels zusammen: Locke ist in Bezug auf die Naturerkenntniss ein Schüler Descartes'. Descartes' Ideen hat Locke aufgenommen, sie weiter ausgeführt und nüchterner, wenn man so will, populärer dargestellt; ich stelle damit keineswegs in Abrede, dass Locke als ein origineller Denker nach mancher Richtung hin neue, selbstgewählte Bahnen gegangen ist, und zwar auch in manchem Punkt, der in das Gebiet der Erkenntnisstheorie gehört. Mit dieser Behauptung trete ich der Ansicht entgegen, die vielfach in der Geschichte der Philosophie geäussert wird, als föchten beide Philosophen in ganz verschiedenen Lagern auf der Arena der Forschung, der eine als Rationalist, der andere als Empirist.

## Capitel VI.

## Die Stellung von Hobbes zu Descartes und Locke, rücksichtlich der Naturerkenntniss.

Ich habe mich zuerst darüber zu erklären, was Hobbes' Stellung zu unseren beiden Philosophen bei der von uns erörterten Frage der Abhängigkeit Locke's von Descartes zu thun hat. Hobbes kommt dabei in doppelter Weise in Betracht.

1) Wegen des neuerdings geführten Streites, wem das Prioritätsrecht zuzuerkennen sei betreffend die Behauptung der Subjektivität unserer Empfindungsqualitäten.

2) Insofern, als Hobbes, bei den von verschiedenen Historiographen der Philosophie konstruirten Richtungen die Vermittelung bakonischer Gedanken an Locke übertragen wurde, was mit unserer Behauptung, dass Locke Descartes' Schüler sei, in Widerspruch steht.

Was den ersten Punkt betrifft, so ist darüber verschiedentlich gestritten worden, wem einerseits das Prioritätsrecht der Erkenntniss der Subjektivität unserer Empfindungsqualitäten zuzuschreiben sei, wem andererseits das der Veröffentlichung, ob Descartes oder Hobbes. Wir haben zu dieser Frage Stellung zu nehmen. Windelband unterwirft diesen Punkt einer genaueren Erörterung und behandelt ihn in nahezu abschliessender Weise. Ich citiere zur Orientierung über diesen Punkt Windelband «Geschichte der neueren Philosophie», Bd. I, pag. 139 ff.

«Wie weit speciell Hobbes in dieser Beziehung selbständig oder von Descartes abhängig ist, dürfte sich schwer feststellen lassen. Denn die beiden Schriften: «On human nature» und «De corpore politico», welche Hobbes schon vor 1640 seinen englischen Freunden mittheilte, enthielten bereits vollständig die Grundlage seiner ganzen Lehre, und die Schrift Descartes', in welcher dessen Gedanken über die Subjektivität der Sinnesempfindung ausführlicher dargethan ist, die Meditationen, wurden ihm erst gegen Ende 1640 von Mersenne in der Handschrift mitgetheilt. Freilich wissen wir nicht, inwieweit jene ersten Werke von Hobbes, als sie 1650 veröffentlicht wurden, etwa eine Umänderung erfahren hatten; aber selbst wenn sie schon vorher die uns bekannte Form gehabt haben sollten, so wäre die Möglichkeit, dass Hobbes diese Gedanken in dem Freundeskreise Des-

cartes' (cf. Windelband, p. 137), welcher bereits 1630 einen grossen Theil seiner Meditationen niedergeschrieben hatte, eingesogen und selbständig in sich verarbeitet hatte, keineswegs ausgeschlossen.» Auf Grund von Daten (Zahlen der ersten Ausgaben) weist Windelband die Ansicht von Lewes zurück, als gebühre Hobbes die Priorität der Veröffentlichung (cf. pag. 140 Anm.).
Wenn auf Grund der von Windelband vorgebrachten Argumente erwiesen ist, dass die Priorität der Veröffentlichung Descartes gebührt, wenn es ferner von demselben sehr wahrscheinlich gemacht ist, dass Descartes die Lehre zuerst niedergeschrieben hat (ein grosser Theil der Meditationen war schon 1630 geschrieben), wenn eine Beeinflussung von Hobbes von Seiten Descartes als leicht möglich, ja wahrscheinlich aus verschiedenen Umständen erschlossen wird, so wird durch einen von Natorp beigebrachten Grund die Wahrscheinlichkeit einer Beeinflussung in dem angeführten Sinne nahezu zur Gewissheit. Natorp macht in seinem Werk « Descartes' Erkenntnisslehre », Marburg 1882, pag. 131, darauf aufmerksam, dass eine vollständige Darlegung der Lehre schon in Descartes' Dioptrik, die im Jahre 1637 erschien, enthalten ist; es wird zugleich gezeigt, wie Descartes durch eigene originelle Versuche zu dieser Lehre kam. — Ich möchte einen weiteren Grund, der mehr psychologischer Natur ist, hinzufügen: Descartes geht auf ganz selbständige Weise in der Errichtung seines Systemes vor, er ist seit 1629 nur mit philosophischen Studien beschäftigt; Hobbes beschäftigt sich zu der Zeit noch mit speziell naturwissenschaftlichen und mathematischen Studien; er wird auf naturphilosophische Studien erst hingelenkt durch Gassendi, der über Descartes wohl unterrichtet war; Hobbes verkehrt mit Mersenne, der immer über die wissenschaftliche Arbeit Descartes am besten instruiert war.

Was ist da natürlicher als eine mittelbare Beeinflussung des Hobbes von Seiten Descartes? In dem Discours erfahren wir, aus Descartes eigenem Munde, wie früh er durch unbeeinflusstes, selbständiges Studium zu seiner philosophischen Ueberzeugung kam. So können wir den eigenthümlichen Entwicklungsgang der beiden Männer als einen Wahrscheinlichkeitsgrund dafür anführen, dass Hobbes Descartes' Einfluss erfahren hat. Wo hören wir etwas von einem Einfluss, einem entscheidenden Einfluss auf Descartes von irgend einer Seite, wie der ist, den Hobbes einem Gassendi oder einem Mersenne verdankt?

Wir kommen zu dem zweiten Punkt, zu der Stellung von Hobbes zu Locke rücksichtlich der Naturerkenntniss. Bei der Theilung der modernen Philosophie in Empirismus und Rationalismus werden vielfach auch die Wege, die die beiden Richtungen genommen haben sollen, augegeben, und es wird behauptet, der Empirismus habe in England begonnen mit Baco von Verulam, habe sich dann weiter zu Hobbes und von ihm zu Locke fortgepflanzt, um dann in Frankreich als reiner Sensualismus bei Condillac zu erscheinen und in demselben Lande in dem Materialismus seinen äussersten Ausläufer zu finden. Der Rationalismus dagegen habe in Frankreich mit René Descartes begonnen, erscheine dann in Spinoza, wenn dieser auch häufig als ein ganz eigenartiger Denker behandelt wird, in Leibniz und Wolff, um dann in den Kriticismus einzumünden. Von einigen wird noch als ein System, in dem die beiden feindlichen Richtungen vor Kant sich gleichsam «aufgelöst» hätten, der Skepticismus von D. Hume bezeichnet, von dem Kant die bekannten Worte sagt, dass «er ihn aus seinem dogmatischen Schlummer gerüttelt habe». Wenn wir nun in Cap. V behauptet haben, Locke habe in Bezug auf die Theorie der gegenständlichen Erkenntniss bedeutenden Einfluss von Descartes erfahren, so könnte man uns erwidern, es sei diese Lehre doch auch in der Philosophie von Th. Hobbes enthalten, und es könne ja dann Locke sie von Hobbes übernommen haben. Einen apodiktischen Beweis werden wir nicht erbringen können, sondern wir werden nur aus der Darstellung der drei Philosophen mit grosser Wahrscheinlichkeit schliessen dürfen, dass in Bezug auf diesen Punkt Descartes der Lehrer Locke's war. Wir sind natürlich weit davon entfernt anzunehmen, Locke habe die Lehre nach Hobbes nicht gekannt, wir behaupten bloss, Locke's Darstellung verräth mehr eine Beeinflussung von Seiten Descartes'. — Eine Vergleichung der Lehren von Descartes und Locke ist in Cap. V gegeben ; wir müssen jetzt zusehen, in welcher Weise Hobbes die Lehre vorträgt. Ich citiere nach der Angabe von W. Molesworth 1839—41. Vol. III, Cap. I. (De Homine):

Cogitationes hominum primo sigillatim, deinde alias ab aliis dependentes ut in serie considerabo.

Ipsarum unaquaeque alicujus qualitatis vel accidentis in corpore externo, quod appellari solet objectum, est apparitio sive representatio. Quod objectum, agendo in corporis humani organa, nempe oculos, aures, etc. pro diversitate actionis diversas producit apparitiones. Origo omnium nominatur sensus. Nulla enim est animi conceptio, quae non fuerat antegenita in aliquo sensuum, vel tota simul, vel per partes. Ab his autem primis conceptibus omnes postea derivantur. . . .

Causa sensionis est externum corpus sive objectum, quod premit uniuscujusque organum proprium; vel immediate, ut in sensu tactus et gustus; vel mediate, ut in visu, auditu, olfactu; et premendo, mediantibus nervis et membranis, continuum efficit motum introrsum ad cerebrum, et inde ad cor : unde nascitur cordis resistentia, et contrapressio seu ἀντιτυπία, sive conatus cordis deliberantis se a pressione per motum tendentem extrorsum; qui motus propterea apparet tanquam aliquid externum. Atque apparitio haec sive phantasma est id quod vocamus sensionem ; et, quantum ad oculum, lumen dicitur vel color; quod attinet ad aurem, sonus ; ad nares, odor; ad palatum, sapor ;

et ad reliquum corpus, calor, frigus, durities, mollities, et caetera pertinentia
ad sensum tactus: quae qualitates omnes nominari solent sensibiles, et sunt
in ipso objecto nihil aliud praeter materiae motum quo objectum in organa
sensuum diversimode operatur, neque in nobis aliud sunt quam diversi
motus. Motus enim nihil generat praeter motum et apparitiones illae tum
vigilantibus tum dormientibus mera sunt phantasmata. Praeterea, ut pressio,
frictus, pulsio oculi excitat phantasma lucidi, et pressio auris sonum, ita etiam
objecta, quae videmus vel audimus, eadem phantasmata generant per pressionem, sed inobservabilem. Nam si colores illi et soni in ipso objecto essent,
separari ab illis non possent. Separantur autem, ut manifestum est in reflexionibus visibilium per specula, et audibilium per loca montana. Scimus autem
corpus, quod videmus, in uno tantum loco esse, sed apparentias in plurimis.
Quanquam autem aliquando in distantiis parvis ipsum objectum verum investitum videatur imagine sua semper tamen aliud est objectum, aliud objecti
imago. Sensio ergo et phantasma originale omnino idem sunt, facta, ut dixi,
pressione oculi vel alius organi ab objecto externo.

Diese Darstellung der Empfindungstheorie von Hobbes lässt an Klarheit und Anschanlichkeit nichts zu wünschen übrig: Veranlassung zur Empfindung ist das Objekt, das durch Druck auf unser Empfindungsorgan wirkt,
unmittelbar beim Tast- und Geschmackssinn, mittelbar bei den drei anderen
Sinnen. Mit Hilfe der Nerven setzt sich dieser Stoss fort nach Innen zum
Gehirn, von da zum Herzen (nicht so bei Descartes und Locke). Das
Herz reagiert durch einen Gegenstoss, d. h. einen Versuch sich von dem erlittenen Druck zu befreien durch eine nach aussen strebende Bewegung. Diese
Bewegung erscheint uns dann als etwas ausser uns befindliches. Welcher
Unterschied in der Auffassung der Entstehung der Sinnesqualitäten zwischen
dieser hobbesischen ἀντιτυπία tendens extrorsum und der passiva quaedam vis
sentiendi bei Descartes und Locke!

Diese durch die fünf Sinne uns zugeführten Eigenschaften bestehen nicht
als solche in den Objekten, sondern sind nur Bewegungen in uns, Reactionen
auf eine Bewegung der Substanz, welche auf unsere Organe auf verschiedene
Weise wirkt. Dem Auge erscheint diese Bewegung als Licht oder Farbe etc.
Bewegung erzeugt Gegenbewegung, und so sind jene Erscheinungen nur Phantasmata. Die Objekte, welche wir sehen oder hören, bewirken durch einen Druck,
wenn auch durch einen unwahrnehmbaren ihre Erscheinungen. Es folgt dann
weiter durch Spiegelung der Objecte etc. der Beweis, dass nicht die Farben
und Tonempfindungen etc. in den Dingen, sondern nur Erscheinungen in dem
Empfindenden sind. (Cf. Natorp, p. 139 ff) Dies betont er immer und immer
wieder; es scheint ihm bei der ganzen Lehre das wichtigste zu sein; man
sieht, dass es Hobbes hier für nöthig erachtet gegen ein Vorurtheil anzukämpfen, das durch sein Alter mächtig ist, gegen die Ansicht des »vulgären

Realismus», als seien die qualitates sensibiles wirkliche in den Dingen bestehende Eigenthümlichkeiten.

Vol. II (de homine, sectio II Cap. II) pag. 7. Lumen autem et color ita figuratus imago dicitur. Natura autem insitum est omni animali, ut primo intuitu imaginem illam ipsam rem visam esse putent, vel saltem aliquod corpus quod ipsam rem simili situ partium exacte referat. Imo homines, si valde paucos, qui judicia seusuum ratione correxerunt, excipias imaginem illam putant esse objectum ipsum, nec sine disciplina in animum inducere possunt solem et astra majora esse aut remotiora quam videntur.

Vol. I (Pars. IV Cap. XXV, 3) pag. 319. Subjectum autem sensionis ipsum est sentiens, nimirum animal; et animal videre quam oculum rectius dicimus. Objectum est id quod sentitur; itaque videre nos solem accuratius dicimus, quam lucem: lux enim et color, et calor, et sonus, et caeterae qualitates, quae sensibiles vocari solent, objecta non sunt, sed sententiam phantasmata. Phantasma enim est sentiendi actus: neque differt a sensione aliter quam fieri differt a factum esse; quae differentia in instantaneis nulla est.

Wenn man diese Ausführungen des Hobbes vergleicht mit der Darstellung bei Descartes und Locke, so springt ein bedeutender Unterschied in die Augen. Diese beiden Philosophen setzen immer den sinnlichen Qualitäten die mathematischen Eigenschaften entgegen. Nicht so Hobbes. In der zuerst angeführten Stelle haben wir doch eine ganz klar dargestellte Empfindungstheorie von Hobbes; nach dieser Stelle kann man trotzdem nicht einmal wissen, ob er nicht, wie Berkeley, auch die primariae qualitates als blosse Phantasmata aufgefasst hat, als Gegenreaktionen auf den von den Objekten auf uns ausgeführten Stoss, ohne dass diese Eigenschaften so, wie wir sie wahrnehmen, in den Dingen bestehen. Hat nun Hobbes die ersten und zweiten Eigenschaften unterschieden? hat er sie so unterschieden wie Descartes und Locke? Die erste Frage ist mit «ja», die zweite mit «nein» zu beantworten:

Vol. I (Pars II Cap. VIII) pag. 103. Etsi enim fingere animo possumus punctum aliquod in molem ingentem intumescere, quae rursus in punctum se contrahat, hoc est imaginari ex nihilo aliquid, et ex aliquo nihil fieri; quomodo tamen id fieri in rerum natura possit animo comprehendi non potest. Philosophi igitur, quibus a ratione naturali discedere non licet, supponunt corpus generari aut interire non posse; sed tantum sub diversis speciebus aliter atque aliter nobis apparere, et proinde aliter nominari, ut quod modo homo mox non-homo, non autem quod modo corpus mox non-corpus vocandum sit. Accidentia autem caetera praeter magnitudinem sive extensionem omnia generari et interire posse manifestum est, ut quando ex albo fit nigrum, albedo, quae erat amplius, non est, et nigredo, quae non erat, oritur. Corpora itaque et accidentia, sub quibus varie apparent, ita differunt, ut corpora quidem sint res non genitae, accidentia vero genita sed non res.

Es lässt sich nicht leugnen, dass sowohl Descartes als auch Locke hiermit im Wesentlichen übereingestimmt haben würden; aber nirgends stellen sie in solchem Zusammenhang die Sache dar; es ist dabei eine Bemerkung zu machen, welche das bestätigt, was wir behaupten, dass nämlich Locke sich mehr mit Descartes als mit Hobbes beschäftigt hat, und dass gerade für die Naturerkenntniss angenommen werden muss, dass der cartesianische Einfluss ein grösserer war, als der des Hobbes. Wir haben in Cap. V Gelegenheit genommen über den Begriff der solidity und seine Entstehung bei Locke uns zu äussern. Diesen Begriff wendet Hobbes ebenso wenig an, als Descartes. Hobbes stimmt vielmehr mit Descartes darin überein, dass die extensio als das Konstituens des Objektes, des Körpers vollkommen ausreiche:

Vol. I pag. 104 § 23: Accidens autem propter quod corpori alicui certum nomen imponimus, sive accidens, quod subjectum suum denominat, essentia dici solet, ut rationalitas, hominis; albedo albi: extensio, corporis dicitur essentia. Eadem essentia quatenus generata, forma dicitur.

Descartes und Hobbes stimmen also in Bezug auf das konstituirende Merkmal des Körpers überein, und nennen beide dasselbe extensio. Locke sieht sich in der Lage gegen diese Ansicht anzukämpfen. Das ist nun gerade der Gegenstand, bei welchem Locke ausdrücklich den Descartes als denjenigen bezeichnet, mit dem er nicht übereinstimmt. Wenn nun, wie man dies behauptet, Locke vielmehr aus der Schule des Hobbes, als aus derjenigen Descartes' hervorgegangen ist, oder mit anderen Worten, mehr Hobbes als Descartes studiert hat und gefolgt ist, warum nennt er dann nicht den Namen des Hobbes, sondern den des Descartes (III, 4, 9 f. IV, 7, 12 f.), wo es eine Lehre zurückzuweisen gilt, wo diese beiden Denker übereinstimmen, gegen welche Lehre Locke mehr aus Instinkt, als aus wissenschaftlicher Ueberzeugnng vorgeht, indem er als Konstituens des Körpers die Dichtigkeit (solidity) postulirt? Gerade dies Argument, welches mehr psychologischer Natur ist, dürfte unsere ans andern Gründen wahrscheinlich gemachte Behauptuug wesentlich unterstützen.

Der Gesichtspunkt nach dem die ersten und zweiten Eigenschaften unterschieden werden, ist ein anderer bei Hobbes, ein anderer bei Descartes und Locke. Bei diesen beiden ist die Frage eine erkenntnisstheoretische, durch deren Beantwortung man zu dem Unterschied erster und zweiter Eigenschaften kommt. Was können wir von den Objekten clare et distincte erkennen? Die Antwort lautet bei beiden gleich: genau erkennen wir nur die ersten Eigenschaften, so wie sie in den Dingen sind. Die zweiten Eigenschaften sind subjektiver Natur. Bei Hobbes tritt vielmehr das psychologisch-genetische Interesse hervor. Die Qualitäten werden differenzirt, nicht wegen des

Grades, in dem sie von uns erkannt werden können, sondern Grundlage der Unterscheidung ist die Frage: Was ist das Konstituens des Körpers? Als solches findet Hobbes die extensio sive magnitudo. — Wenn dies ersichtlich war aus der Stelle Vol. 1 pag. 103, so dürfte uns das Folgende unsere Behauptung bestätigen und in gewisser Beziehung erläutern.

Vol. 1 pag. 92 f. § 3 (Pars II Cap. VIII). Et recte quidem, nisi qnod quaedam accidentia abesse a corpore sine interitu ejus non possunt, nam corpus sine extensione aut sine figura omnino concipi non potest. Caetera autem accidentia, quae non omnium corporum communia, sed aliquorum propria sunt, ut quiescere moveri, color, durities, et similia, succedentibus aliis continuo intereunt, ut tamen corpus intereat nunquam. Quod autem alicui videri possit, non omnia accidentia suis corporibus ita inesse, sicut inest extensio, motus, quies, aut figura; exempli causa colorem, calorem, odorem, virtutem, vitium, et similia, aliter inesse et (ut dicunt), inhaerere, velim eum in praesentia judicium suum de ea re suspendere, et parumper expectare, donec ratiocinatione investigatum sit, an haec ipsa accidentia non sint etiam motus quidam, aut animi imaginantis, aut corporum ipsorum quae sentiuntur; nam illud explorare, magna pars est Philosophiae naturalis.

Aus dieser Stelle ergiebt sich aber ausserdem noch eine sehr interessante Thatsache; dass nämlich Hobbes eine ganz andere Eintheilung hier hat, als Locke und Descartes: es ist dies eine Folge des Eintheilungsprinzipes. Auf die Frage welche Accidentien als das Konstituens des Körpers anzusehen sind, antwortet Hobbes mit Descartes, die Ausdehnung (Accidentia autem caetera praeter magnitudinem sive extensionem omnia generari et interire possunt), da ein Körper als solcher niemals zu Grunde gehen kann, kann auch die Grösse oder Ausdehnung nicht zu Grunde gehen. So ist also die Ausdehnung von den sinnlichen Qualitäten herausgehoben. Die andern ersten Eigenschaften werden hier von Hobbes nicht nur nicht differenziert von denselben, sondern erscheinen im Gegentheil coordiniert. Quiescere, moveri, color, durities sind einander gleichgestellt, und nach dem Eintheilungsprinzip von Hobbes müssen sie es sein. Nach diesem Eintheilungsprinzip ist die Bewegung für den Körper ebenso unwesentlich, als z. B. seine Schwärze oder seine Härte. Dass Hobbes die andere cartesianisch-locke'sche Eintheilung nicht unbekannt ist, sagt er in dem unmittelbar Folgenden. Er will aber darüber mit seinem Urtheil an sich halten und zusehen, ob nicht vielleicht die ersten Eigenschaften nach Descartes, nämlich extensio, motus, quies et figura, auch nur Bewegungen sind, entweder des vorstellenden Geistes oder der Körper selbst, welche vorgestellt werden. Bei Locke und Descartes findet sich von einem solchen Ineinandergehen der ersten und zweiten Eigenschaften keine Spur. Eine Koordination von colour und mobility ist nach Locke's Lehre schlechterdings unmöglich. Dass indessen Hobbes da, wo er aus erkenntnisstheoretischem Interesse handelt, der Auffassungsweise, wenn auch nie der Darstellungsweise Descartes' und Locke's in dem besprochenen philosophischen Gebiet nahe kommt, geht aus folgender Stelle hervor:

Vol. I (Pars. III, XV, § 1) pag. 175:

Proxima ordine tractatio est de motu et magnitudine, corporum accidentibus maxime communibus. Itaque locum hunc sibi vindicant magna ex parte proprium sibi elementa geometriae.

Die Differenzpunkte sind nicht von tiefeinschneidender Natur und können es nicht gut sein: das Wichtigste an der ganzen Lehre ist die Behauptung der Subjektivität der Empfindungsqualitäten, »und diese grosse Lehre von der Subjektivität der Sinnesempfindungen lag in der philosophischen Atmosphäre der neueren Zeit und rang sich von den verschiedensten Seiten her allmälig zu voller Klarheit empor.«

Wir erhalten als Resultat dieses Kapitels: Descartes und Locke stimmen in Bezug auf die Darstellung der Naturerkenntniss mehr überein, als Hobbes und Locke. Der Unterschied zwischen Hobbes einerseits, und Descartes und Locke andererseits, ist aber nicht lediglich ein formaler, sondern in gewisser Rücksicht auch ein inhaltlicher. Das Eintheilungsprinzip (und damit die Eintheilung) für die Konstatierung erster und zweiter Eigenschaften ist ein wesentlich verschiedenes: Bei Descartes und Locke ist es erkenntnisstheoretischer, bei Hobbes dagegen ist es psychologisch-genetischer Natur. Desshalb darf man Locke mehr als einen Schüler des Descartes, als des Hobbes in Bezug auf diese Lehre ansehen. Mit unserem auf diese Weise gewonnenen Resultate stimmt eine Bemerkung von Lewes überein (Lewes Gesch. der Philos. 2. Bd., Berlin 1876, pag. 251 ff.), wo er sogar die Vermuthung ausspricht, dass Hobbes den Locke nie gelesen habe. Von den beiden locke'schen Stellen, die Lewes hier anführt, findet sich die zweite nur allgemein angedeutete bei Locke Ess. I, III, 5.

Wir glauben, durch diese Arbeit den Beweis erbracht zu haben rücksichtlich des Descartes, der als einer der grössten Rationalisten angesehen wird, einerseits, rücksichtlich des Locke, der als einer der bedeutendsten Sensualisten gilt, andererseits, dass die übliche Darstellung der Geschichte der Philosophie, bei einer genetischen Betrachtungsweise, wenn auch vielleicht weniger in Rücksicht auf Metaphysik, so doch sicherlich in erkenntnisstheoretischer Hinsicht im Unrecht ist, wenn sie die neuere vorkantische Philosophie gewaltsam in jene beiden feindlichen Richtungen spaltet. Wenn man uns dann fragen sollte, nach welchem Prinzip denn derjenige, der eine Geschichte der Philosophie schreiben will, und zwar in genetischer Behandlungsweise, jedoch so, dass sie auch den pädagogischen Anforderungen gerecht wird theilen soll, so werden wir antworten: Eine durchgreifende Trennung in Schulen mag für gewisse Perioden der Philosophie angehen, aber für die

Zeit der grossen philosophischen Systeme thut sie in theoretischer Beziehung den Autoren Unrecht. In den Systemen der bedeutenden Philosophen werden immer Spuren zu finden sein, die nach den verschiedensten Seiten hinweisen. Indessen soll unseres Erachtens die Geschichte der Philosophie immer mehr oder weniger zur Orientierung dienen, und nicht dazu, dass man aus ihr philosophieren lernt. Zu einer eigenen philosophischen Weltanschauung wird man durch eine Geschichte der Philosophie, und sei sie noch so ausführlich und umfangreich, schwerlich gelangen. Wer darnach strebt, der wende sich an die grossen Philosophen selbst und folge ihnen auf ihren oft dornigen Gedankenpfaden, auf dass nicht die Geschichte der Philosophen seine Philosophie sei.

## Inhalt:

| | Seite. |
|---|---|
| Cap. I. Einleitung: Empirismus und Rationalismus | 7 |
| Cap. II. Das cartesianische «lumen naturale» | 20 |
| Cap. III. Locke nicht Descartes' Gegner | 42 |
| Cap. IV. Lockes' «lumen naturale» | 51 |
| Cap. V. Naturerkenntniss bei Descartes und Locke | 66 |
| Cap. VI. Stellung von Hobbes zu Descartes und Locke, rücksichtlich der Naturerkenntniss | 90 |

## Errata:

Seite 34 Zeile 18 von unten lies p. 30 statt 26.